生きない経験、報われない努力にサヨウナラ

マダイ ひとつテンヤ 超思考法

宮本英彦

つり人社

はじめに

ひとつテンヤのマダイ釣りの魅力は、実に簡単なタックル設定でマダイが釣れるということです。私も色々な釣りをやってきました。当然、マダイ釣りもそのひとつで憧れのターゲットでもありました。最初はコマセマダイから始め、電動リールで船長に指示されるタナまで仕掛けを落とす待ちの釣りでした。ハリスの長さも10～15mと、エリアによりさまざまで奥が深かったですね。

当時はバスプロでしたので、シーズンオフの釣りとして楽しむ程度。釣りなので当然釣れたり釣れなかったり、試行錯誤の繰り返し。何度か大ダイが掛かりましたが、そんな時にかぎってハリを飲み込まれて痛恨のハリス切れ……。それでも4kgの大ダイを釣り、一応目標達成で徐々にコマセマダイから離れていく自分がいました。離れてはいきましたが、コマセマダイを楽しんでいる時は、同船者が8kgの大ダイを目の前で釣ったり、高級ゲストのワラサやメジマグロが釣れたりと、思い出はたくさんあります。

その後は、義父の影響で、シャクリマダイ釣りにハマりました。個人的にはコマセよりこの釣り方のほうが面白いと感じました。当然リールは使わず手釣りです。船頭の言うとおりに、何ヒロとタナを合わせてやっていました。何かマダイと一対一で勝負しているようで、義父の手製のサオで楽しんでいました。

それから数年が経ち、釣り雑誌でひとつテンヤのマダイ釣りを紹介していたのです。読んでみるとバスフィッシングと共通点が多く、これはやってみようと！

まずはロッド選びから始まり、当時のバスロッドから適切なタイプを数本選び出しました。リールはバスで使っていた物をそのまま流用し、ラインだけPEラインに巻き替え、ノットも何とか組んでみました。テンヤはシャクリマダイの物は軽量だったので、船宿で購入することに。こうしてバスタックルそのままを持ち込み、雑誌で紹介されていた千葉県・大原の「きえい丸」に行きました。そして、船長に教わるがままにやっていると、しっかりとマダイが釣れたんですよ。それも7尾も！　サイズは1kg前後でしたが、あらためてマダイの引きの強さに驚きました。細いバスロッドに0・6号のPEライン、リーダーも2号なので掛かるたびにリールからラインが引き出されました。こんなに簡単に、それもこんなシンプルな仕掛けでマダイが釣れるとは衝撃でしたね。正直今まで抱いていたマダイ釣りの概念が吹っ飛びました。これは一緒に行った仲間も同様です。

これが私とひとつテンヤのマダイ釣りとの初めての出会いです。

ここからはさらに釣行が増え、その後数回同様のタックルで楽しみましたが、すでに限界を感じていました。当時はまだ、ひとつテンヤマダイ専用ロッドが世に出ていませんでした。こうなると自分でロッドに改良を加えて、オリジナルロッドで楽しむことになります。ティップはソフトでバットパワーがあるロッド、いちばん近い理想的なロッドはシロギスロッドやショアからのメバルロッド。ただ、どちらもグリップが短く、マダイとのやり取りで手首が痛くなりかないません。そこでグリップを長くしたり、安物のロッドを改良する日々が続きました。今思えば初心者レベルの釣りでした、毎回船長にアドバイスをもらったり怒られたりと……。

ただ前述しましたが、バス釣りとの共通点が多く、テクニックや用語もそのまま流用できるのです。当然、行くたびに釣果も伸び、少しずつですが1kgから2kgと大ダイへと近付いている気がしました。また、釣れるゲストも豊富で高級魚ばかり。これも魅力のひとつでした。

ひとつテンヤの最大の魅力とは、シンプル・イズ・ベスト、簡単な仕掛けでマダイを釣ることができる。これにつきると思います。タックルも、スピニングロッドに小型リールだけ。今ではベイトロッドもひとつテンヤ専用が発売されたりと、日々進化し続けています。そして、このタックルで300gから5kg、6kg。ラッキーな時は10kgオーバーの大ダイを釣ることができるのです。ひとつのタックルで小型から大型のマダイを釣ることができる、これがもっとも魅力的なことではないでしょうか？　やり取りさえしっかり行なえば、夢の大ダイを手にする可能性があるのです。

釣り方も決して難しくはありません。指示ダナなどもありませんし、底立ちさえしっかり取れればいいのです。ただし、この底立ちが取れなければ、ひとつテンヤのマダイ釣りは成立しません。これだけはしっかり守ってください。もし分からなければ、底立ちを確認できる重いテンヤをセットしましょう。そのためにテンヤやカブラには色々な重さが用意されています。それでもひとつテンヤの重さ選びが不安ならば、乗船時に船長に聞くとよいでしょう。私はいまだに乗船したら船長に「テンヤは何号、水深は何ｍ」と聞くようにしています。

以前はテンヤの号数は10ｍ１号といわれましたが、ひとつテンヤマダイ釣りも日々進化を重ね、今は10ｍ２号を目安にしたほうがよいでしょう。これはひとつテンヤマダイ釣りが紹介された時よりも、現在のほうがポイントやマダイの生息域が開拓され、ご当地独特の釣り方が確立されたからです。そのため、従来の釣り方では釣りにくい場面であっても、早潮でも対応できるようにとテンヤも重くなっています。さらに、乗合船で多くの乗船客を乗せた場合、軽いテンヤですとオマツリの原因となることがあるので、船長が重めのテンヤを指示することも多々あります。

　また、最近はキャストして広範囲をねらうことも多く、この場合も軽いテンヤですと着底まで時間がかかり、風でラインがふけてオマツリの原因になったりします。キャストメインでねらう場合は、たとえば指示テンヤが8号ならば私は10号にしてフォールスピードを速くして着底をスムーズにします。このように少しだけ気をつかいながら釣りをすれば、乗合船でのオマツリを避けられ快適な釣りが可能です。また、基本的な釣り方であるリフト&フォールを守り、潮の速さや水深にもよりますが3～5回でテンヤを入れ直しすることを忘れないでください。こうすることで常にテンヤが新しいポイントに入るので、釣り座の優劣に関わらず有利となります。

　今では水深100m近くまで、ひとつテンヤで攻める時代となりました。このようにひとつテンヤマダイ釣りも確実に進化しています。また専用ロッドも各種発売され、テンヤの号数により使い分けることが容易になりました。さらに、エビエサだけでなくワームでも釣れる時代です。以前では信じられない光景ですね。これは釣り人側の努力と船長の配慮、そしてメーカーが協力してくれたおかげです。

　今回書いたこの本は、これからひとつテンヤを始める方にも、以前から楽しまれている方にもぜひ読んでいただきたいと思っています。

　日本人にいちばん人気がある海の魚、そんなマダイがこの釣り方で簡単に釣れる時代です。一時は、釣り雑誌で毎回のように紹介されていました。先にも述べましたが、ご当地独特の釣り方も確立されたりしています。そこで初めてやってみようという方にも、敷居が高いと思われないように書いてみました。今後もマニュアル本として、釣り方に疑問が出た時に役に立てればと思います。

釣りに絶対はありませんし、同じ場面はありません。毎回違う場面に遭遇し、うれしい思いをしたり、悔しい思い出となったりするのが釣りです。毎回釣れるとはかぎりません。乗合船でありがちな、釣れる人釣れない人が出ることも事実です。そこでもし釣れなかったら、釣れている人に聞くこともひとつの手段です。それならこの本は必要ない……いえ、そんなことはありませんよ！　きっとスムーズに釣りができるようになるでしょう。この本のことを参考にして、フィールドに出てください。どこかで役に立てると思います。そして大ダイが釣れたら少しだけ感謝してくださいね（笑）。

JACKALL

CONTENTS

企画構成／打越俊浩　（有）バーブレス

I

ひとつテンヤとタックルの正しい知識を理解する

ひとつテンヤは〝テンヤ〟と〝カブラ〟に大別

ひとつテンヤはオモリと釣りバリ（孫バリ）が一体になった、非常にシンプルな仕掛けです。このシンプルな構造をしたテンヤは、ふたつのタイプに大別することができます。ひとつが、上部と下部がフラットになった円錐台、いわゆるプリンのような形のもの。そして、もうひとつが、フラットな面を持たない団子のような形状のものです。オモリ部分の形状の違いでふたつのタイプに大別します。一般的には前者のプリン形状のものをテンヤ、団子のようなものをカブラと呼び分けていますが、個人的には、テンヤもカブラもひとくくりにして「ひとつテンヤ」と呼んでいます。

実釣の時は、テンヤとカブラを使い分けるようにしています。ただし、それぞれの使用頻度はテンヤが1に対してカブラが9。カブラを使うことが圧倒的に多いのですが、もちろんそれには、いくつもの理由があります。まずは、カブラのほうが、テンヤよりも圧倒的にフォールスピードが速いということ。フラットな面を持つテンヤは、フォールする時に受ける水の抵抗が大きくなりがちです。しかし、丸みを帯びた形状のカブラの水流抵抗は小さめです。水流抵抗の差がフォールスピードに直結し、抵抗が少ないほど沈むスピードは速くなるのです。

　ひとつテンヤ釣りの基本は、底立ちを取ること。つまり、海底にひとつテンヤを着底させることです。いち早くひとつテンヤを着底させたほうが有利になります。特に水深が深くなるほどフォールスピードが速いほうが、マダイのいる水深にエサを素早く送り込めるのです。このほかに、カブラのほうが根掛かりしにくいメリットもあげられます。根回りや根の上を釣る時は、根をスルリとかわしてくれる丸みを帯びたカブラのほうが、安心して釣りができます。テンヤでは、フラットになった部分にエッジがあるので、カブラにくらべると根掛かりが多くなりがちです。

　フラットな面を持つテンヤのメリットは、沈下時に左右にスライドしながらフラフラと落ちていくことがあげられます。しかし、極端に大きなス

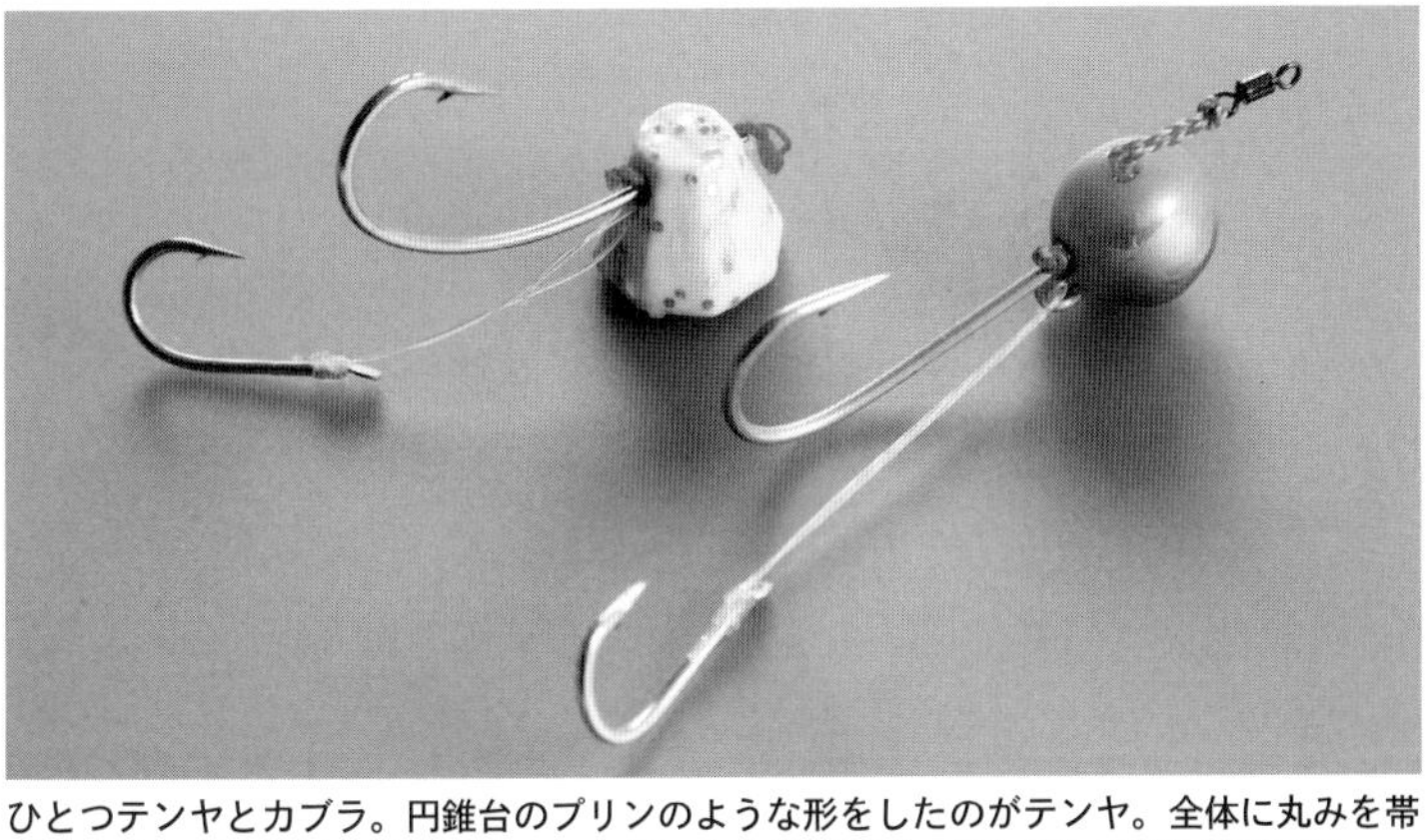

ひとつテンヤとカブラ。円錐台のプリンのような形をしたのがテンヤ。全体に丸みを帯びているのがカブラ。どちらもひとつテンヤの仲間だが、それぞれの特徴は異なる

ライドはしていない、と私は思っています。沈下する時には、テンヤとつながっているラインにも水の抵抗がかかるわけで、それがテンヤのスライドする動きに干渉し、思ったほど大きく左右に動かずに、ストンと沈下していきます。また、テンヤは底面が平らなため、着底させた時に姿勢が安定する、ということもテンヤのメリットといわれます。

しかし、これについても、私は少々懐疑的です。海底の地形は必ずしも真っ平ではありませんし、ラインに潮の流れの抵抗がかかるなど、着底したテンヤはジッとしておらず、頻繁にチョコチョコと動いているはずです。世間でいわれているように、ヒラヒラとスライドしてくれれば、フォールでのアピールも強くなりメリットもあるでしょう。また、着底が安定してエビの姿勢がよければ、マダイの食い気も増してくるでしょう。しかし、それらのメリットがいわれているほど多くないとすれば、テンヤよりもフォールスピードの速いカブラのほうがメリットは大きく、おのずと使用頻度が高くなるわけです。

ただ、テンヤを全く使わないわけではありません。前述したように、1割ぐらいの割合でテンヤを使っています。私がテンヤを使う状況としては、水深10〜20mの浅い場所の釣りにかぎられます。水深が浅いとテンヤもカブラも、着底するまでのタイムラグは大きくありません。ひとつテンヤがゆっくりフォールするようすを、じっくりとマダイに見せてヒットにつなげたい水深の浅い場所では、テンヤを使うことがあります。

同じマダイ釣りでも、ひとつテンヤと似て非なる釣り方・仕掛けがあります。それがタイラバやインチクといった仕掛けです。ひとつテンヤはエビの生きエサを付けてねらう、まさに〝エビでタイを釣る〟が基本中の基本ですが、タイラバやインチクは基本的にエサを付けずに、仕掛け単体でねらう釣り方です。ひとつテンヤとルアーフィッシングの中間的な存在といえましょう。同じひとつテンヤのマダイ船で、エサのひとつテンヤの釣り人に交じってタイラバやインチクでねらう釣り人もいます。また、ひとつテンヤとタイラバを交互に使う釣り人もいます。ひとつテンヤでは食いが渋いけど、タイラバにはよく反応し、フォロー的にタイラバやインチクを使うこともあります。ですので、ひとつテンヤとタイラバ＆インチクは切っても切れない縁を持っていて、本書ではひとつテンヤをメインに解説しますが、もうひとつのマダイ釣りであるタイラバなどにも少々触れておきます。

　ひとつテンヤの話に戻ります。

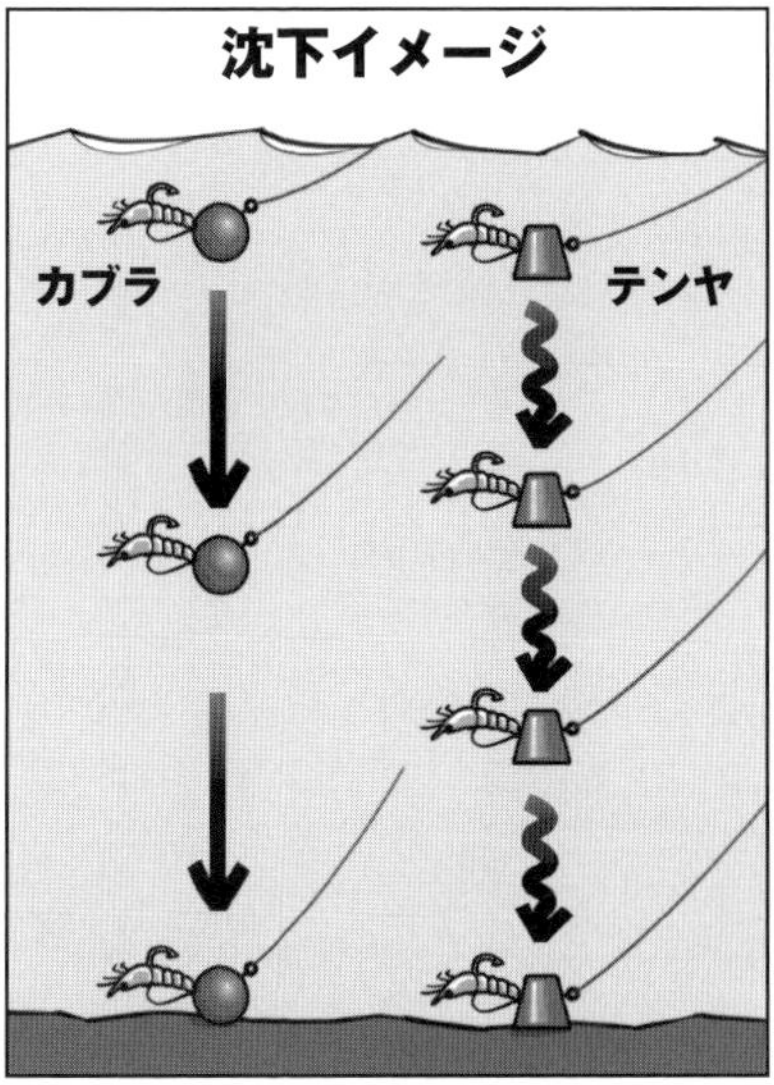

ヘッド（オモリ）部分に対する水流抵抗が少ないカブラは、スーッとスピーディーに沈下。逆にテンヤはフラットな部分に水を受けゆっくりと落ちていく

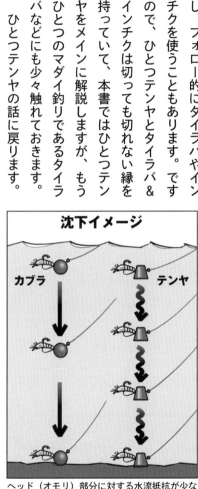

ひとつテンヤには必ずライン（リーダー）を結ぶアイが付いています。この位置の違いでひとつテンヤの動き方や誘い方が少し変わります。以前は、ひとつテンヤの真横からアイが出ていたタイプが多かったのですが、最近では上部に付いているものが多くなっています。私が開発したジャッカルの『ビンビンテンヤ』もアイを上に付けました。このひとつテンヤを作った当時は、アイを上に付けたタイプのものはあまりなかったのです。ただ、私の場合、バスフィッシングでの知識の蓄積があって、バス釣りで使うジグヘッドもイメージしながら、『ビンビンテンヤ』の開発に取り組んだのです。なので、バスフィッシングのジグヘッドのようにアイが、やや上部に付いているわけです。

もちろん、アイを上に付けることで大きなメリットが生まれます。まずは、フォール時の姿勢が安定して、スピーディーに沈めることができます。また、リフト&フォールで誘う場合も、エビの姿勢が安定しやすくなります。さらに、オモリの部分が丸みを帯びているカブラの場合、着底した状態から少しラインを引っ張るとハリが上を向きます。つまり、そこに刺しているエビが立ち上がった姿勢になり、マダイにしっかりとアピールしてくれるのです。この動きは、下部が平面なテンヤでは、なかなか出しにくい動きです。カブラの丸い形状によって、転がるようにハリが上を向いてくれるわけです。これも、私があまりテンヤを使わず、カブラをよく使う理由のひとつでもあるのです。

ひとつテンヤの号数選びの基準

タイラバやインチク、ジグの重さはグラムで表記されることが多いです。しかし、ひとつテンヤの重さは、号数で表記されます。1号は3・75gになりますので、3号ならば11・25g、6号なら22・5g、8号で30g、10号で37・5g、13号で48・5gとなります。生活の中で日常的に使っているのはグラムですが、ひとつテンヤの場合は号数でその重さを感覚的に覚えておく必要があります。

ひとつテンヤでは、一般的に3～15号が使われます。もちろん、状況に応じて号数を使い分ける必要があります。基本的には、深い場所ほど重く、また、潮の流れが速い場合も重くします。以前は、号数を選ぶひとつの基準として「水深10mで1号」というのがありました。たとえば水深40mならば4号、80mならば8号といったぐあいです。しかし、私としては、この基準では軽すぎると考えています。私が推奨するのが「水深10mで2号」です。水深30mならば6号、50mならば10号、といったイメージです。

重くする理由は、10mで1号の基準では底立ちが取りにくいからです。ひとつテンヤのマダイ釣りは、底を取るのが基本中の基本。重くないと、底を取るのが難しくなります。

10ｍ1号では、上級者やエキスパートの釣り人ならば難なく底を取れるでしょうが、初中級者には軽すぎます。軽くて底立ちが取れないと、「あれ？　まだ底に着かないぞ……」などと迷い、やみくもにラインを出してしまい、周りの釣り人とオマツリを頻発させてしまいます。オマツリすればそれだけタイムロスになり、貴重な時間を無駄にしてしまいますし、何より、オマツリは周りの釣り人に迷惑をかけます。

「10ｍで2号」というのは、他にも理由があります。それはタックルが進化したことです。以前のロッドでは、ひとつテンヤが重いとロッドへの負担が増えて感度が悪くなることもありました。ひとつテンヤが重くなると小さなアタリが取りにくかったのです。しかし、最近のロッドは感度が大きく向上し、ひとつテンヤが多少重くても、しっかりとアタリを拾って伝えてくれます。

もちろん、「水深10ｍで2号」という私なりの基準を忠実に守る必要はありません。水深30ｍでも潮の動きが緩慢で底立ちが取りやすいのであれば、4号や5号を使ってもいいでしょう。また、あまりにもアタリが遠のいている時などは、少し軽めのひとつテンヤに替えてマダイの食い気を誘ってみたり、ひとつテンヤ（エビ）の動きを漂うようにナチュラルな動きにしたいといった理由で軽くしても問題ありません。

逆に、潮が速すぎて底が取れない場合は、重くします。水深40ｍでも底が取れないのなら、8号ではなく10号を使ってもかまいません。水深10mで2号という基準をベースにして、状況によってテンヤの重さを変えてみることが大切。「ちょっと重くしてみようか」と、いろいろ頭を使って釣りをすることで釣果アップにもつながりますし、何よりも、そこにゲーム性が出てきて、ひとつテンヤのマダイ釣りがもっと面白くなるのです。ただし、最初のうちは号数選びが分からないし、不安を覚えるのも事実です。そういう時は、ためらわずに船長に何号を使えばいいのか聞いてみることです。逆に、気配りができる釣り宿の船長ならば、船長から「何号を使ってみて」とアドバイスしてくれることもあります。背伸びをせずに、素直にアドバイスに耳を傾け、指示された号数を使いましょう。それがヒットへの近道でもあるのです。

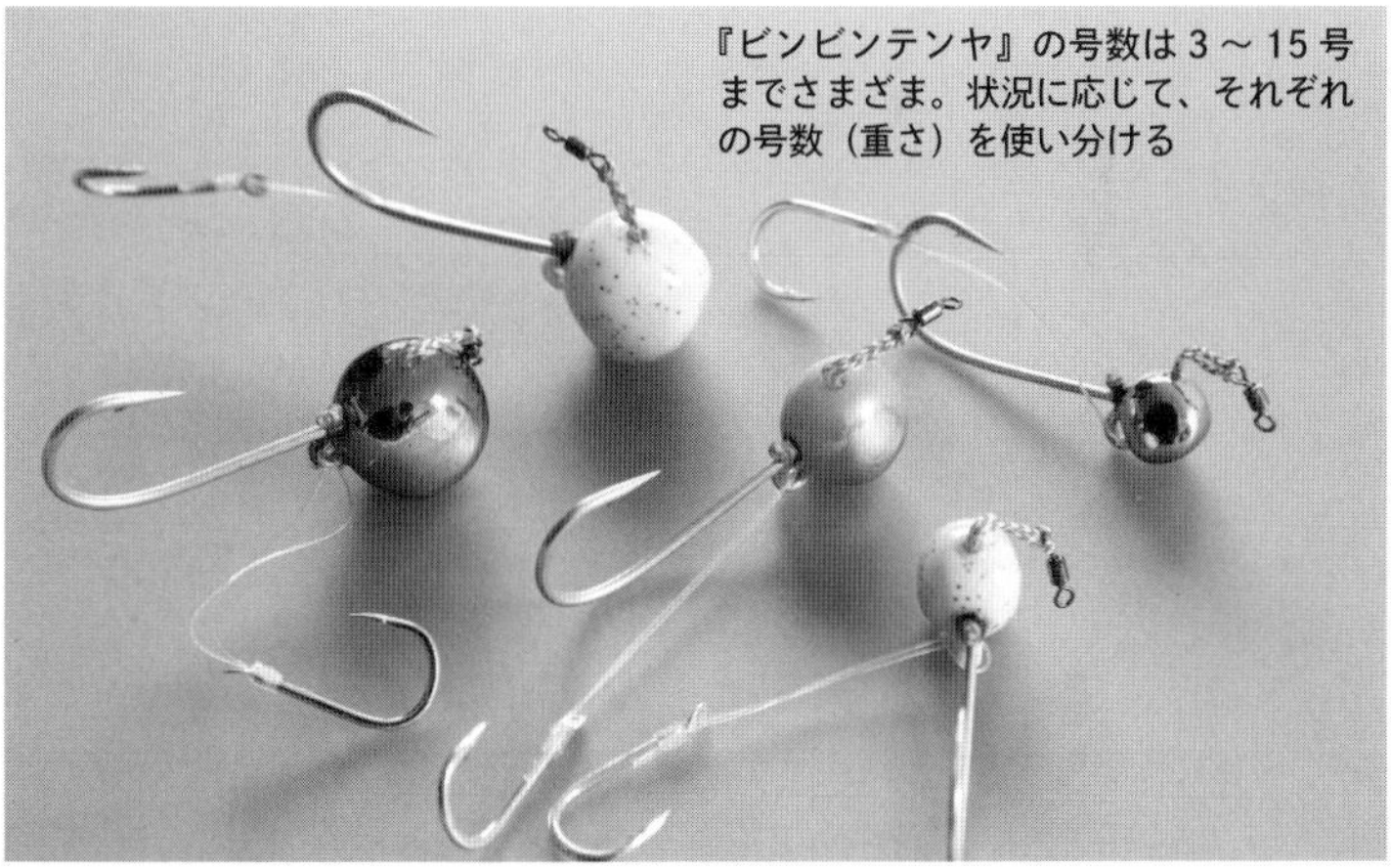

『ビンビンテンヤ』の号数は3～15号までさまざま。状況に応じて、それぞれの号数（重さ）を使い分ける

ひとつテンヤの重さと大きな関連があるのが素材です。オモリになっている部分の素材は、鉛とタングステンが使われています。それぞれに長所と短所を持ち合わせています。鉛素材のひとつテンヤのメリットは、価格が比較的安価なこと。根掛かりでテンヤをロストすることも多くあります。それを考えると、安価な鉛のほうが気にすることなく釣りができます。

もうひとつのタングステンのメリットは、比重が非常に重いことです。同じ号数の鉛のひとつテンヤとくらべると、そのオモリの部分大きさがひと回りほど小さくなります。同じ重さで容量が小さくなれば、フォール時に受ける水の抵抗も小さくなり、ひいてはフォールスピードが上がります。「フォールスピードが速い」というのがタングステン素材の大きなメリットです。これ以外にもメリットはまだあります。素材自体が非常に硬いため、何かに触れたりぶつかったりした時の伝達能力が高くなります。つまり、海底に接地している時、底の地質が分かりやすいのです。砂地で軟らかいとか、根回りで硬いといった、ポイントの底質を把握しやすくなります。タングステンは釣りを有利にしてくれるので、ひとつテンヤ釣りとは非常に相性のよい素材ではありますが、短所がないわけではありません。少々値が張るのが、短所といえるでしょう。

ビギナーであれば、最初は安価な鉛素材のひとつテンヤを使い、ある程度釣りに慣れてきたらタングステンを使ってみるといいですね。釣りに慣れてくれば、根掛かりさせたりマダイとのファイトの最中にラインブレイクしてテンヤをロストするリスクも少なくなってきます。

市販のひとつテンヤにタングステンが使われるようになったのは、『ビンビンテンヤ』が初めてだと思います。タングステン素材は、バスフィッシングではかなり前からシンカーに使われていて、私自身、この素材の特性やメリットはよく理解していました。ですので、『ビンビンテンヤ』の開発にあたり、タングステンを使ってみたいというのが当初から頭の中にあったのです。使うことができないか……、ということをジャッカルの担当に相談したところ、快い返事が返ってきました。ちょうどその頃、ジャッカルではバス用ルアーにタングステンを使うために、タングステンメーカーと密な関係にあったのです。そんな背景があったので、ひとつテンヤにタングステンを採用する話が、とんとん拍子で進みました。このような運にも恵まれ、タングステン素材で『ビンビンテンヤ』を世に送り出すことができました。

初めてタングステン素材の『ビンビンテンヤ』を使った何人もの釣り人から、多くの好評価をいただきました。これを開発した者としては、非常にありがたいことですし、とてもうれしく思いました。

ひとつテンヤロッドの特徴と選び方

私がひとつテンヤ釣りを始めた頃、この釣り専用のロッドはほとんどありませんでした。バスロッドを流用したり、安いサオを自分なりに手を加え、それっぽいひとつテンヤロッドにしていたのですが、今は違います。いくつものメーカーから多種多様にひとつテンヤ専用ロッドがリリースされています。

私も、機会があってジャッカルでひとつテンヤ専用ロッドをプロデュースさせていただき、宮本英彦監修モデルをリリースできました。それが『鯛夢（TAIMU）』です。このサオは、完成度の高いロッドだと自負しています。感度やフッキングといったロッドの基本性能だけでなく、疲労軽減という点にも配慮した設計になっています。グリップエンドを、手首から肘で支えられるような長さにしています。支えが効くので誘いを入れてロッドを操作したり、ステイさせてアタリをじっと待つ時などの疲労感が軽減されるのです。グリップエンドが長すぎても短すぎても、腕への負担を軽くすることはできません。一度、チャンスがあったら『鯛夢』を握ってみてください。疲れにくいロッドだ、ということが実感できるはずです。

これからひとつテンヤのマダイ釣りを始めようと思っている人、または今までは船宿のレンタルタックルを使っていたという人の中には、ロッド購入を考えている人も多いはずです。船釣り用で汎用性のあるライトゲーム用ロッドでも、ひとつテンヤのマダイ釣りは成立します。しかし、この釣りを今後ずっと続けていくのならば、やはり専用ロッドの購入をおすすめします。マダイ特有のアタリや掛けてからのやり取りなど、専用ロッドならば圧倒的にやりやすく、それが釣果にはっきりと表われるからです。

最初の1本として選びたいのが、長さでいえば2・4mもしくは2・45mです。ビギナーでも、このあたりが扱いやすい長さになります。硬さもいろいろです。ひとつテンヤロッドの多くが、硬さ表記をML（ミディアムライト）、M（ミディアム）、MH（ミディアムヘビー）、そしてH（ヘビー）としています。Lが軟らかく、Hが硬い調子になっています。硬いほうがリフト&フォールなどの誘いがしやすく、またアタリを感知してからのアワセもシャープにフッキングさせることができます。

ただし、硬めのロッドの弱点は、バラしやすいということです。マダイを掛けたあとのやり取りの時、激しく突っ込んだり首を振られると、ロッドがその動きに追従しにくくなります。逆に、軟らかめのロッドですと、マダイの動きに追従しやすくなり、バラシのリスクが軽減されるのです。せっかくヒットさせたマダイを逃さないためにも、ビギナーにはＭＬかＭの少し軟らかめの調子がいいと思います。

ロッドのベリー（胴）からバット（元）にかけては、ＭＬでもそここの張りを持たせてあります。ここがマダイの強烈な引きに耐えられない軟らかさでは、どんな達人でもマダイを取り込むことはできません。ロッドがノサれてしまえば、寄せてくることは不可能です。ベリーからバットまでは強い引きに負けない張りがあるのですが、ティップ（穂先）部分は非常にしなやかになっています。これが、ひとつテンヤマダイロッドの大きな特徴です。

ティップだけが軟らかいのは、もちろん訳があります。のちほど詳しく解説しますが、ひとつテンヤでのアタリの取り方は、目感度が8割ほどを占めます。目感度（目アタリなどともいいますが……）とは、穂先の変化を視認して取るアタリのことです。ティップに強い張りがあったり硬いと、小さなアタリの変化が出にくくなるのです。ですので、ティップ部分だけは、軟らかい調子になっているのです。ただし、単純に軟らかいだけでは、小さなアタリを明確に表現することはできません。軟らかさの中に適度な反発力を持たせるなど、微妙な調整が必要になってくるのです。ちなみに、私が監修した『鯛夢』でも、ティップの調子の調整には、かなりの時間を費やしました。

ひとつテンヤ用ロッドはティップ部分が非常に重要なパーツになりますが、このティップには2つのタイプがあることも覚えておいてください。ソリッドティップとチューブラーティップの2タイプです。ソリッドティップは芯が詰まった1本の棒のような穂先です。チューブラーは中が空洞になっている穂先です。ソリッドティップのメリットは繊細な動きをして、比較的小さなアタリも明確に視認しやすいことです。また、マダイがエビを食った時も、違和感を覚えさせずに食い込ませることができることも、ソリッドの特徴でしょう。

チューブラーにも、もちろん長所はあります。ソリッドにくらべると手に伝わってくるアタリ、いわゆる手感度に優れることです。最初のうちは、揺れる船の上から目感度でアタリを取るのは少々慣れが必要です。コツン、と手に伝わってくるアタリのほうがキャッチしやすく、ビギナーが初めて購入するロッドとしては、手感度のよいチューブラーティップのほうがよいかもしれません。もちろん、最初からソリッドティ

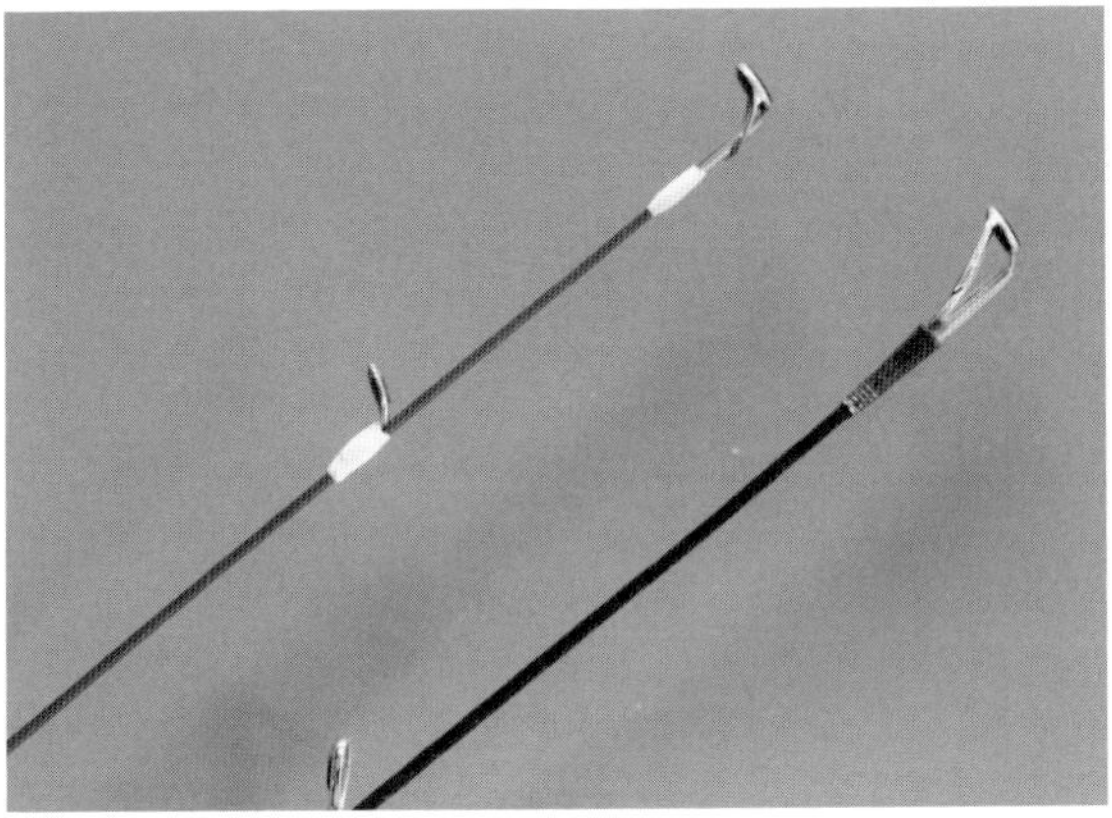

ロッドティップは2タイプ。筒状になっているのがチューブラー（写真右）。1本の棒で芯が詰まっているタイプがソリッド（写真左）

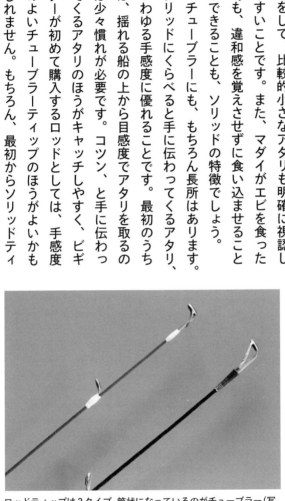

ップモデルのロッドで、チャレンジしても問題はありませんよ。

　価格帯には、バラつきがあります。ハイエンドといわれる高価なロッドから廉価モデルまで、価格はいろいろです。予算にゆとりがあるのならば、上級モデルを購入するのもよいでしょう。ただし、高いロッドを買って釣行費用がなくなってしまった、では本末転倒です。無理して高いロッドを購入するのなら、少し予算を抑えて、その分、釣行にあてたほうがよいですね。いくらよいロッドを手にしても、実釣を繰り返さないとやはりテクニックの向上にはつながりません。

ライトゲーム用などひとつテンヤの釣りにも使える汎用性のあるロッドもあるが、やはり専用ロッドをオススメする

リールは、できるかぎり上級機種を選びたい！

できれば、リールは少々無理をしてでも、ワンランク上のモデルを購入したほうがいいですね。もちろん、釣行費を削ってまでリールにお金をかけるのは本末転倒ではありますが、できる範囲でリールへの予算は多めにしたいです。

ひとつテンヤ釣りがここまで成長した理由のひとつに、タックルの進化が挙げられます。20年以上も前ならば、0・8号という細いラインで5kgオーバーの大ダイを釣りあげる、なんていうのはかなり困難でした。しかし、今は、それが普通の釣り人にもできてしまう。これはラインやリール、ロッドなど、タックルの進化が成しえたことです。なかでも大きいのが、リールのドラグ性能です。設定どおりの荷重でスムーズに効き始めるドラグは、大ダイの強烈な引きに対してのラインブレイクのリスクを最小限に抑えてくれます。

リールの性能はハンドルの回転の滑らかさ、耐久性や剛性、そしてドラグ性能が大きく関係します。それは価格に比例します。廉価モデルよりも上級機種のほうが、はるかに性能はよいのです。少しでも優秀なドラグ性能を求めるとなると、やはりそれに見合う価格帯のリールを選んでおいたほうが無難です。廉価モデルではドラグの効き始めがぎこちなかったり、ドラグが滑っている途中で引っ掛かったり、そうなればラインブレイクのリスクは大きくふくらみます。せっかく掛けた大ダイもラインブレイクで逃がしてしまっては、悔やんでも悔やみきれません。そんな思いをしないためにも、性能のよいドラグを備えたリールは必要不可欠なのです。

リール選びでは、サイズも重要になります。大きすぎても小さすぎてもバランスが悪くなり、釣りがしにくくなります。番手でいえば#2500クラス、もしくは#3000クラスがちょうどよい大きさです。

リール全体のサイズのほかに、チェックしておきたいのがスプールへのラインの巻き取り量。あとから詳しく解説しますが、ひとつテンヤの釣りで必要とするラインの量（長さ）は、PE0・8号で150～200mです。#3000クラスのリールですと、ノーマルタイプのスプールでPE1号が400m近くも巻けます。同じクラスのリールでもスプールが浅溝タイプですと、PE0・8号で200m程度の巻き量になります。これを見れば、ノーマル溝のスプールよりも浅溝タイプのスプールのほうがひとつテンヤの釣りには適している、と思うかもしれません。しかし、私の場合、浅溝タイプではなくノーマル溝スプールを使っています。もちろん、それには理由があります。

ゲストで青ものがヒットしてくることがよくあり、ある時私にもちょっとサイズのよい青ものがヒットしたのです。それはヒットした瞬間に一気に走って、何とあっという間に200m近くものラインが引き出されてしまったのです。ここで、200mしか巻いていなければ、スプールとの結び目でブチッとラインを切られておしまいです。ところが、ノーマル溝を使っている私の場合、メインラインの下にバッキングライン（下巻きイト）を巻いているので、少々ヒヤヒヤしましたが、何とかその魚をラインブレイクさせずにキャッチすることができたのです。実際にはバッキングラインまでは出されませんでしたが、あともう少しでメインラインが終わるあたりまで引き出されました。バッキングラインがなかったら焦って強引なファイトをしていたかもしれません。ラインに余裕があったので、安心していつものやり取りで寄せてくることができたのです。

バッキングラインはあくまでも下巻きイトではありますが、これがあるとないとでは、突っ走るような良型青ものが釣れた時

リールは廉価モデルでも使えなくはないが、少しでも上級機種をセレクトしておいたほうが安心して長く使える

の安心感がまるで違うのです。バッキングラインはメインラインよりも太めで強いタイプがいいでしょう。素材はPEでもフロロでもよいのですが、ナイロンラインはやめておいたほうが無難です。ナイロンの場合、吸湿によって劣化するからです。

リールのスプールのタイプに関しては、バッキングラインが巻けるノーマル溝を選ぶといいでしょう。ちなみに、バッキングラインはメインラインを交換するたびに替える必要はありません。2シーズンぐらいは、そのまま巻いておいても大丈夫です。

リール選びで、もうひとつチェックしておきたいのがギヤ比です。ノーマルギヤだとギヤ比は5ちょっと。ハイギヤと呼ばれるタイプで6前後。最近ではエクストラハイギヤなるものもあって、こちらは6・3という高いギヤ比を誇っています。ギヤ比が高いほどに、巻き上げスピードが速くなるのですが、その分、巻き取る力は弱くなります。では、ひとつテンヤ釣りでは、どのギヤ比がよいのか？　というとハイギヤがいいですね。なぜハイギヤがいいかというと、ひとつテンヤのピックアップが速くなるからです。ピックアップが速いということは、それだけ手返しもよくなるわけで、釣果アップに直結します。

ただし、オススメするのはハイギヤですが、絶対というわけではありません。女性など腕力の弱い人には、ノーマルギヤのほうがあっています。前述したとおり、ハイギヤよりもノーマルギヤのほうがリーリングにパワーが出ます。非力な方ですと、パワーのあるノーマルギヤのほうが、マダイを寄せやすいのです。大ダイが掛かってもグリグリ巻く自信のある人はハイギヤがオススメですが、腕力に自信のない人はノーマルギヤも選択肢のひとつになります。

　ハンドルノブにも気を配りましょう。#2500クラスだとI字型のノブが標準装備されがちです。#3000クラスになるとT字型のノブが標準装備されていることが多くなります。T字型のノブですと指と指の間に挟んで、ある程度強く握った状態でリーリングできます。しかし、I字型だと指でつまんだ状態になるので、あまり力が入りません。できればI字型のノブの場合は、カスタムパーツなどでチューンナップしたほうがいいでしょう。滑りにくいEVA素材で大きめのノブだと、しっかりとグリップしてリーリングすることができます。パワフルなマダイとのファイトも、グリップがしっかりしていないと楽しめません。

ハンドルのグリップノブは、ひと回り大きいEVA仕様にチューンナップしている。巻きやすさが全く違う

ラインの進化が、ひとつテンヤ釣りを可能にした!?

シンプルなタックルや仕掛けでマダイを釣ることができるひとつテンヤ釣り。これが成立するのは、ひとえにタックルの進化があったからに他なりません。進化のなかでもいちばん大きいのがライン、といっても過言ではないでしょう。1号に満たない細いラインで5kg以上もある大ダイを釣りあげられるのは、強靭なラインができたからです。また、ラインが強いということは、細くすることもできるわけです。細いがゆえに、50m立ちの水深でも10号、12号といった軽いテンヤでねらうことができるのです。ラインが2号や3号の太さだと、潮の流れの影響を受けるなどしてアタリはもちろんのこと、底を取ることさえ難しくなります。細いがゆえに、軽量テンヤを使うことができるわけです。

ライン性能のひとつである低伸度ラインの登場も、ひとつテンヤ釣りの発展に大きく貢献しています。伸度が低い、つまり伸びないラインほど、感度のよさに貢献します。マダイの繊細なアタリも、低伸度ラインであればしっかりとキャッチできます。

釣りイトの素材は、いくつかあります。ポピュラーなナイロン素材をはじめ、フロロカーボン、PE、エステル。珍しいところではアユ釣りなどで使うメタルライン、というのもあります。この中で、ひとつテンヤで使うライン素材がPEです。PEラインは強力が高く、また伸度も低く、ひとつテンヤ釣りに求められる条件をすべてクリアするラインです。PEラインがなければ、ここまでひとつテンヤ釣りが発展することは難しかったでしょう。言い換えると、PEライン以外の素材では、ひとつテンヤ釣りは困難ということでもあります。

PEラインは、他の素材にくらべると少々特殊です。ナイロンやフロロカーボンは1本の単繊維でできたラインで、モノフィラメントラインといいます。ところが、PEはポリエチレン素材の単繊維原糸を複数本編み込んで作られる編みイトで、ブレイデッドラインといいます。PEラインは伸度が非常に小さいことと、強力が高いことが大きな特徴です。PEラインの伸度は4％ほどです。比較的伸びやすい素材がナイロンで、こちらの伸度は30％前後あります。伸度の％というのは、たとえば1ｍのラインを引っ張って1ｍ30㎝まで伸びて切れたら、それが30％になります。PEラインの伸度は4％前後です。つまり、1ｍの長さのPEラインを引っ張って4㎝程しか伸びずに切れてしまうのです。この、伸びの少なさによって、マダイがテンヤをくわえた時の小さなアタリも、ダイレクトにロッドティップやロッドを握る手に伝えてくれるわけです。

強力も非常に高いのがPEラインの特徴です。ひとつテンヤでメインに使うPEライン

0・8号の耐荷重強力は6kgほどあります。これは、6kgの荷重で切れるということ。ナイロンラインで6kg近くの強力を出すとなると、3～3・5号まで太くしなくてはなりません。同じ強力でもPEラインは0・8号、ナイロンだと3号以上の太さが必要になるのです。それだけPEラインの強度・強力は非常に優れているのです。

前述したとおり、ひとつテンヤで使うラインはPEラインにかぎります。その号数は、いまのところ0・8号がベストです。0・6号や1号を使う人もいますが、0・8号で特に問題はないと考えています。ただし、潮の流れが極端に速い、というような時は0・6号まで落とすのもありかな、とは思っています。細いほうが、潮の流れによる抵抗も軽減でき、底立ちやアタリが取りやすくなるからです。もちろん、細くなればそれだけ強力は低下するので、ドラグの調整はもちろんのこと、ヒットしてからのやり取りにもよりいっそうの慎重さが求められます。

PEラインは数本の繊維、原糸を編み込んだイトです。その繊維の本数は、通常は4本です。最近では、8本編みのPEラインも多くリリースされるようになりました。価格的な部分では4本編みのほうが安く、8本編みのほうが少々高くなっています。少々、高くはなりますが、私がおすすめしたいのが8本編みです。なぜ8本なのかは、もちろん理由があります。まずは、しなやかさがあるということ。リールスプールへのなじみがよく、扱いやすいからです。そして、もうひとつの理由が、表面の滑りがよくなることです。滑りがいいとスプールからの放出の時にラインがスムーズに出てくれるし、また、ガイドとの摩擦抵抗も軽減されるので、フォールスピードが速くなります。８本編みのメリットは、意外と大きいのです。４本編みがダメ、というわけではありませんが、より繊細な釣りで少しでも大きなマダイを釣りたいのなら8本編みのほうが断然有利です。

ＰＥラインには着色が施された、いわゆるラインマーカータイプも多くあります。これがあるとラインがどのくらい出ているのか、といった見当がおおよそつくのです。たとえば5ｍピッチでカラーが変わっているタイプなら、４色分ラインが出ていけば20ｍほどの長さが出ている、と判断できるわけです。水深が30ｍならばだいたい6色に変わったあたりで底が取れます。その6色目のカラーがピンクならば、ピンクが出てきたらそろそろ底だ、という目安になるのです。また、ピンクまでラインが出たのに底が取れない時は、ひとつテンヤが潮に流されているという判断もつくわけです。ラインマーカーは、要は目印なので視認性のよいカラーを配色していることが多いです。この視認性のよさも大きなメリットになります。フォールの最中にアタリがあった場合、不規則なラインの動きで察知する場合が多々あります。視認性がよければ、そのようなラインのわずかな不規則な動きもキャッチしやすくなります。単色のＰＥラインもありますが、数多くのメリットがあるラインマーカーが施されたタイプを私はおすすめします。ピッチの長さも5mだったり10mだったりといろいろありますが、5mピッチがよいと思います。配色に関してはハッキリと視認しやすい色であれば、特に何色、といった部分はこだわらなくてよいでしょう。

ナイロン素材は吸水や紫外線によって劣化します。PEラインの原糸であるポリエステルは、吸水や紫外線で劣化することはありませんが、それでも使い続けていくうちに少しずつ劣化し、強力は下がっていきます。永遠に使い続けられるラインではなく、当然、ある程度使ったら交換しなくてはいけません。ライン交換のタイミングは、10回釣行したら交換するとよいでしょう。ラインマーカーがあるラインの場合、使っているうちに色落ちしてくることがあります。ラインによっては2～3回釣行しただけで、かなりくたびれたような色になってしまうものもあります。しかし、ラインマーカーの色落ちとライン強力の低下はあまり関係がありません。色落ちしたからといって、すぐに交換しなくても大丈夫です。

目安は釣行10回でラインを交換していただきたいのですが、すべてを新しいラインに替える必要はないのです。10回行ったら巻き替えをするのです。巻替えとは、それまで巻かれていたラインを、もう1台別のリールに巻き直すことです。こうすることで酷使している0～50mの先端部分がスプールの内側に巻き付けられ、逆に内側に巻かれてほとんど使われていなかった部分が、新しいリールでは外側にくるわけです。新品のラインを巻いてから10回釣行して巻き替え。さらに10回釣行したあとにそのラインを破棄して、新品に交換するとよいのです。釣行10回でライン交換していただきたいのですが、巻き替えることでさらにもう10回釣行することができるので、都合20回の釣行で新品に交換するわけです。10回ですべてを交換するよりも、断然お得な勘定になります。

釣行回数が20回に満たなくても、新品のラインと交換しなくてはいけない場合がありま す。高切れを何回かすると、当然、ライン全体の長さは短くなってきます。高切れを繰り返し、残りのライン全体の長さが１００ｍまで迫ってきたら、それがたとえ1回しか釣行していないラインでも即交換です。ひとつテンヤのマダイ釣りにおいて、ラインは非常に重要なアイテムになります。大ダイがヒットした時のバラシのリスクの軽減だけでなく、アタリの取りやすさなどにも大きく影響を及ぼします。釣果のよしあしに直結するタックルであり、ロッドやリールと同等か、それ以上に注意を払ってセレクトするようにしてください。

ラインシステムと結び方・正しいノットをマスターしよう

ひとつテンヤのマダイ釣りは、釣りイトの先にひとつテンヤを結び付け、それにエビエサを付けるシンプルな仕掛けが魅力ですが、ひとつだけ手間をくわえることがあります。それがラインシステムです。ラインシステムとは、PEのメインラインにひとつテンヤを直結せず、メインラインとひとつテンヤの間にリーダーをセットするシステムのことです。

ラインシステムを組む理由は、PEラインの持つ弱点を補うことにあります。PEラインの弱点のひとつに結節強力、つまり結び目があまり強くないという悩みがあります。伸度が4％ほどしかない伸びないPEラインは、アワセ時やファイト中の急な突っ走りなど、瞬間的な荷重がかかると、その負荷が結び目に集中してしまいます。すると、結び目でプツンと切れてしまうことがあるのです。また、滑らかで表面の滑りがよいため結び目が切れるのではなく、すっぽ抜けることも多々あります。他にも弱点があります。耐摩耗性が弱いことです。ちょっとでも硬いものに擦れただけで、強力が一気に低下してしまいます。PEラインのこれらの弱点をカバーするために、リーダーを先イトに結ぶラインシステムが重要といえるのです。

ショックリーダーで使うラインはフロロカーボンがベストです。フロロカーボンは、PEほどではありませんが、感度に優れた素材です。また、耐摩耗性にも優れています。アワセなどで瞬間的な荷重がかかっても、フロロカーボンリーダーがショックアブソーバー的な役目を果たしてくれて、PEを保護してくれるわけです。リーダーはショックリーダーともいいますが、それは緩衝的な役目もあるためです。そしてフロロカーボンの耐摩耗性の高さが、PEの弱点をカバーしてくれるわけです。

リーダーに最適な素材であるフロロカーボンで重要になるのが太さ、号数です。太すぎても細すぎてもいけません。大切なのが、メインラインのPEとの太さのバランスです。0・8号のPEラインを使っている場合、フロロカーボンのリーダーは2・5号。0・6号のPEでは2号がベストバランスといえます。なぜ、太さのバランスが重要になるのかというと、テンヤが根掛かりした時にそれを実感できます。底立ちを取るのが原則のひとつテンヤ釣りでは、根掛かりはよくあることです。特に、根回りや漁礁回りで釣りをする場合は、そのトラブルはさらに増えます。ロッドをチョンチョンと軽くあおってうまく外ればしめたものですが、ガッチリと引っ掛かってしまうと、強く引っ張ってラインを切るしかありません。この時、バランスを取っていると、思い切り引っ張ってラインを切る時、ひとつテンヤとリーダーの結び目付近が切れやすいのです。この部分が切れるとリーダーの長さは損なわれず、すぐに新しいひとつテンヤを結び直して釣りを再開できます。ところが、PEラインとリーダーの太さのバランスが悪いとリーダーの途中で切れたり、または、PEラインが切れたりします。こうなると、再びリーダーをセットしなおさなくてはいけなくなり、大切な時間がその作業に費やされることになります。

さらに、リーダーは長さも重要です。人によって、その長さにはバラつきがありますが、私の場合は5mと少々長めにセットします。この長さがあれば、水面に浮いてきたマダイを引き抜く時、メインのPEラインとリーダーの結節部分がスプールに巻き込まれた状態になります。ラインブレイクのリスクを最小限に抑え、抜き上げることができるのです。

リーダーは、釣行ごとに変える必要はありません。私は3回を目安に交換するようにしています。ただし、5kg以上の大ダイを釣りあげたあとは、そのかぎりではありません。ラインは強い荷重がかかれば伸びます。ラインの特性として、一度伸びたラインは元の長さには戻りません。また伸びるとそれだけ強力が低下し、それも元に戻らなくなります。つまり、リーダーが伸びると強力が落ちてしまうので、大ダイとの激しいファイトのあとはリーダーを交換する必要があるのです。

また、根掛かりをして外したあとは、リーダーの先端付近の表面の傷を必ずチェックしておきましょう。リーダーを軽くつまんで上下に動かしてみます。少しでもザラザラ感があったら、表面に傷がついている証拠。リーダーすべてを交換する必要はありませんが、ザラついた部分だけカットするようにします。ちょっとでも表面に傷が入っていると、強力はガクンと低下します。

ラインシステムを組むうえでリーダーの素材、太さ、長さは重要ですが、いちばん大切なのが結節です。PEのメインラインとフロロカーボンのリーダーの結び方を、しっかりとマスターしておかなければいけません。本来、結ぶという作業はイト同士を絡めることです。ですので、結び目の強力、結節強力などともいいますが、その部分の強力は低下してしまうのです。正しい結び方で結んだとしても、そのラインの持つ本来の強力は10～20%低下します。これが、いい加減な結び方になると70%近くまで下がります。つまり強力が10kgでも、3kgの負荷がかかれば結節部分から切れてしまうわけです。

せっかくリーダーをセットしラインシステムを組んでPEラインの弱点をカバーしても、PEとリーダーの結節強力がガクンと落ちてしまっては本末転倒。この結び方は、確実にマスターしておかないといけません。PEとリーダーの結び方はいろいろあります。電車結び、FGノットなどなど……。しかし、私が推奨したいのが、私が考案した「ヒデノット」です。比較的簡単に巻けて、もちろん大幅に強力を損なうことはありません。釣行前に、しっかりとラインシステムを組んでおくのはもちろんですが、実釣中にラインが切れ、リーダーを結び直さなくてはいけないことも多々あります。揺れる船の上でも確実にリーダーをセットできるように何度も練習しておくことが大切です。

正しいノットをマスターする際はPEとリーダーの結節だけでなく、リーダーとひとつテンヤの結び方の習得もお忘れなく。私はポピュラーなシングルユニノットで結んでいます。5kg以上の大ダイを掛けても切られたことはありませんし、強力的にも結びやすさ的にもユニノットがいちばんおすすめできる結び方だと思います。

ヒデノット

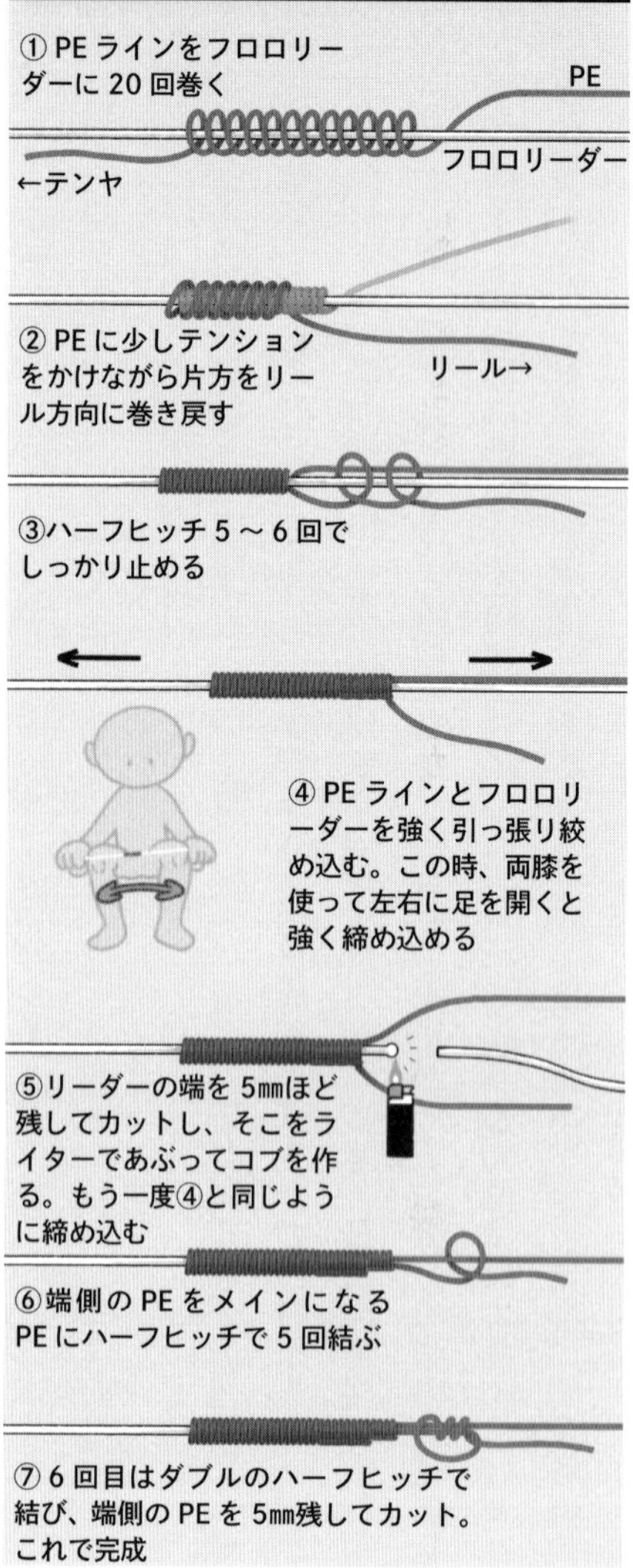

①PEラインをフロロリーダーに20回巻く
PE
フロロリーダー
←テンヤ
②PEに少しテンションをかけながら片方をリール方向に巻き戻す
リール→
③ハーフヒッチ5～6回でしっかり止める
④PEラインとフロロリーダーを強く引っ張り絞め込む。この時、両膝を使って左右に足を開くと強く締め込める
⑤リーダーの端を5㎜ほど残してカットし、そこをライターであぶってコブを作る。もう一度④と同じように締め込む
⑥端側のPEをメインになるPEにハーフヒッチで5回結ぶ
⑦6回目はダブルのハーフヒッチで結び、端側のPEを5㎜残してカット。これで完成

孫バリにフッキングする確率は50％近くある！

オモリと一体になっている大きいフックが親バリ、つまりメインフックです。そのオモリに付いているアイにハリスを結んで、その先端に付ける小さなハリが孫バリです。ルアーフィッシング風にいえば、アシストフックになります。ところが、ひとつテンヤ釣りでは、孫バリは親バリをアシストするどころか、親バリと同じくらい重要な役割を担っています。なので、それをおろそかにすると、釣果アップはなかなか望めません。孫バリはそれほど大切な役割を担っているのです。

孫バリというと、親バリで掛けそこなった時に掛けるためのハリ、または親バリに刺したエビエサをしっかりと固定するためのハリ、と思っている釣り人は少なくないようです。もちろん孫バリは、そのような役割も担っています。しかし、そんなオマケ的なハリではないのです。私の長年の実績からいうと、親バリと孫バリにフッキングする比率は半々。フッキング率は親バリ50％、孫バリ50％ですから、釣果の半分は孫バリで釣れているのです。単純計算ではありますが、もし、孫バリがなければ、これまで私が釣りあげてきたマダイの数も半分……、ということになるのです。

なぜ、孫バリに半分近い割合で掛かってくるのか？　それはずばり、マダイがエビを捕食する時に「頭から食う」からです。そのため、背中の甲羅に刺した、より頭に近い部分にある孫バリにフッキングしやすくなるわけです。

孫バリには種類やサイズがいくつかあります。刺さりがよい、ということは大前提ですが、ひとつテンヤ用の孫バリとしてリリースされているものであれば、特にタイプやサイズにこだわらなくてもよいと思います。親バリが大きければ孫バリも少し大きめ、逆に小さければ少し小さめ、といった程度のこだわりで大丈夫です。それよりも、孫バリにおいて重要視したいのがハリスです。ハリスの素材はフロロカーボン、特殊素材のケブラーやPEの編みイトなどがありますが、素材も特にこだわりません。フロロカーボンならば5号。それをダブルにしていれば、どんな大ダイがヒットしても、まず切られることはありません。

ハリスでいちばんこだわっているのが、その「長さ」です。私が開発したジャッカルの『ビンビンテンヤ』は、他のひとつテンヤにセットされているハリスにくらべると少し短めに設定されています。短めがよい理由は、孫バリのアシスト性能が上がることです。最初に親バリにフッキングしてマダイが激しく頭を振ります。この時、ハリスが短いと口周りに掛かりやすくなるのです。口周りに掛かってくれれば、親バリが抜けてしまっても、孫バリがしっかりとアシストの役目を果たしてくれて、釣りあげることができるわけです。ハリスが長いと、孫バリが暴れてしまって、口周りに掛かりにくくなるのです。なので、親バリが抜けた時のアシスト性能が悪くなってしまうわけです。実際に釣りをしていて、口周りに孫バリが掛かって釣れることはよくあります。孫バリのアシスト性能を高めるためにも、ハリスは短めのほうがいいのです。ただし、短いほうがよいといっても、エビエサの背中にしっかりと刺せるだけの長さがないといけません。

フロロカーボンの場合、使っていると縮れることがあります。縮れてしまうとマダイの口周りへの刺さりが悪くなります。孫バリをプライヤーでつまんで、少しハリスを伸ばしてやると縮れがとれてストレートなハリスに戻ります。また、この時、ハリスの表面の傷もしっかりとチェックしておきましょう。また、釣りをしながらの孫バリのチェックは、ハリスのキズだけではありません。孫バリのハリ先の鈍りぐあいもしっかりとチェックしなくてはいけません。ハリスに傷が入っていなくても、ハリ先が鈍ってしまっているようでしたら、即交換です。オモリと一体になっている親バリは交換できませんが、孫バリは簡単に交換することができます。実釣

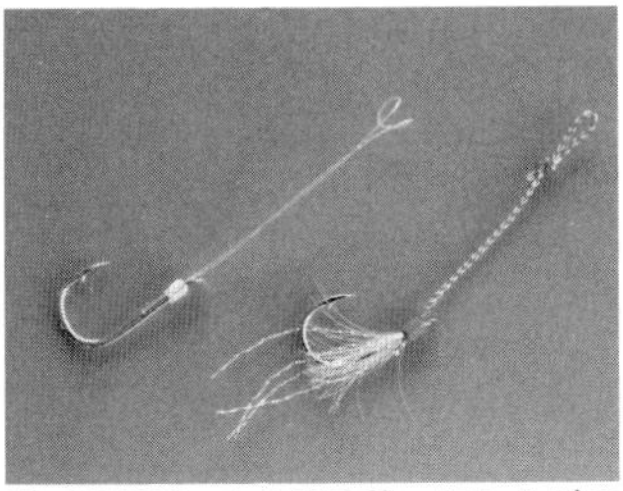

孫バリは鈍ったら即交換。ほとんどのひとつテンヤは、ハリスが外せる構造になっている

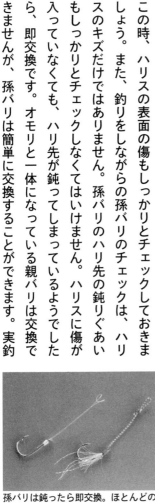

の時は、必ず予備の孫バリを用意して即座に交換できるようにしておきましょう。

　交換用の孫バリは、すでにハリスが結ばれたタイプが売っています。これを使うのもよいですが、やはり、ここでもハリスの長さがキーになります。『ビンビンテンヤ』にセットしている孫バリのハリスの長さはハリスの先端からハリのチモトまで50㎜に設定しています。それより短いとエビエサの背中の甲羅へ刺しにくくなるので、50～60㎜の長さのハリスがセットされた交換用孫バリを選ぶとよいでしょう。もし、長めのハリスしかない場合、孫バリのハリだけ購入して自分でハリスを結びます。ハリとハリスの結び方は何種類かありますが、ひとつテンヤの孫バリは、オーソドックスな外掛けや内掛け結びで問題ありません。これも、ラインシステムを組む時のように、結び目がほどけないようにしっかりと練習しておきましょう。

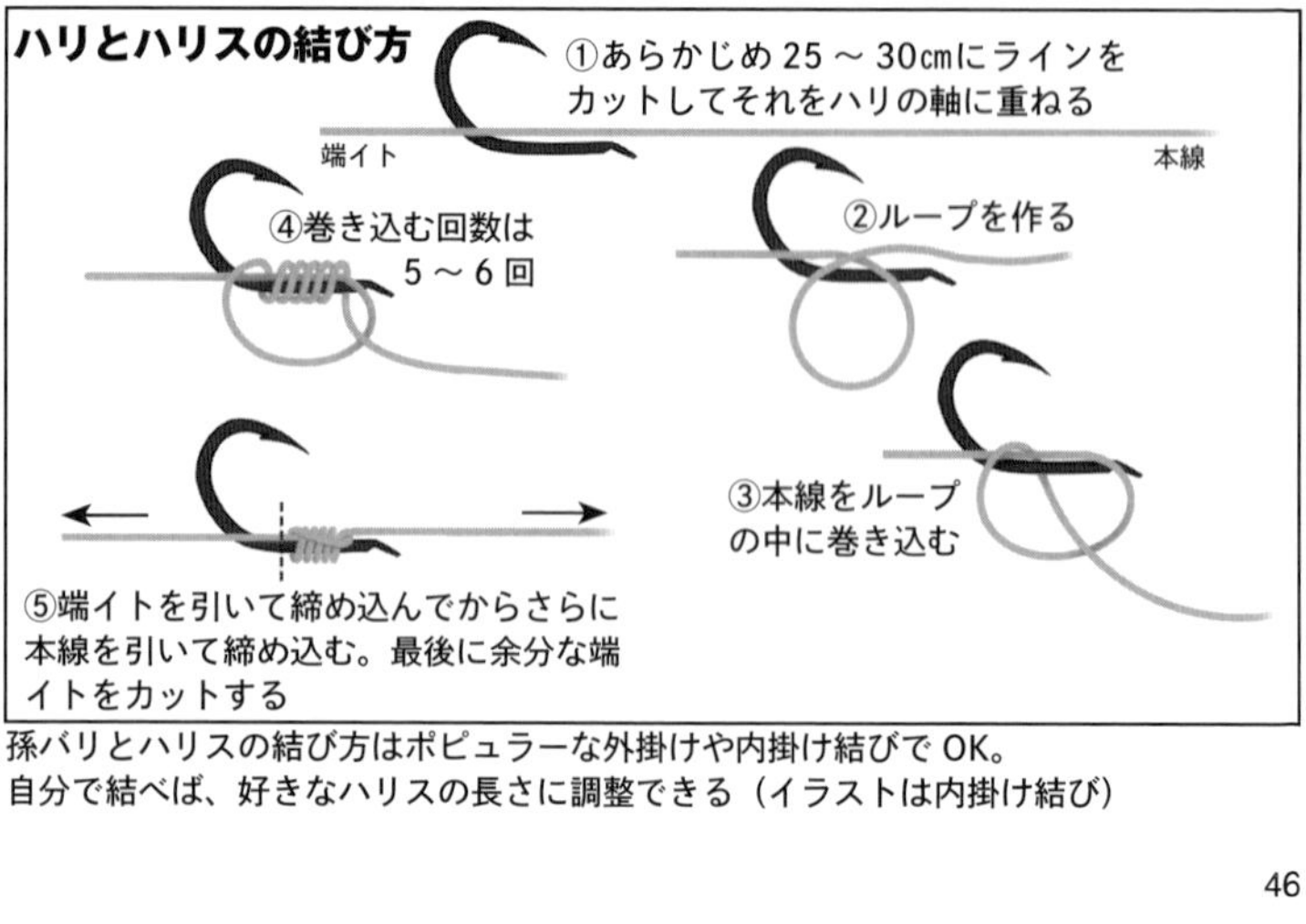

孫バリとハリスの結び方はポピュラーな外掛けや内掛け結びでOK。
自分で結べば、好きなハリスの長さに調整できる（イラストは内掛け結び）

快適に安心して楽しむために用意しておきたい道具たち

ひとつテンヤのマダイ釣りではロッド、リール、ライン、そしてひとつテンヤがメインタックルになりますが、もちろんそれだけでは快適で楽しいマダイ釣りを満喫することはできません。他にも、いろいろな道具を必要とします。ここでは、そんな脇役ではありますが、用意しておきたい、あると便利な道具類を解説しましょう。

●クーラーボックス

釣りあげたマダイや美味外道たちをキープして持ち帰る時、必須になるのがクーラーボックスです。クーラーボックスのセレクトで頭を悩ますのがサイズです。小さなものでは10ℓそこそこのサイズから、大きいものでは60ℓをオーバーする特大サイズまで、いろいろです。マダイ釣りでは25ℓサイズがいちばん使いやすい大きさでしょう。腕に自信があって、大ものを必ず仕留める、というのであれば30ℓあってもよいかもしれません。船上のかぎられたスペースで、それ以上大きなクーラーボックスを積んでも、じゃまになってほかの釣り客への迷惑になることもあります。大きくてもひとりで用意するのは30ℓまでにしておきましょう。

クーラーボックスを選ぶ時は、保冷力もチェックしておきたいもの。同じ容量でも、価格にはムラがあります。価格が高いほど、保冷力に優れています。少々値は張りますが、断熱材に一般的に使われている発泡ウレタンではなく、真空パネルを採用したタイプなどは、驚くような保冷力を持っています。寒い季節ならば多少保冷力が弱くても問題ありませんが、盛夏の暑い盛りでは、少しでも保冷力の高いクーラーボックスのほうが安心です。釣りあげた魚の鮮度を保っておいしく食べるためにも、予算が許すかぎり、ワンクラス上のクーラーボックスを選んでおいたほうが無難です。

クーラーボックスに関しては、私は少々苦い経験をしております。釣り仲間数名と、みんなでシェアしようと、大きめのクーラーボックスを持って釣行した時のことです。自分が釣った魚も、他の仲間が釣った魚も、とりあえず、その大きなクーラーボックスに入れて使っていました。実釣をスタートしてから時間もたって、「どれどれ、どのくらい釣れたのかな?」などと思って、氷に埋もれた魚たちを確認しようと、クーラーボックスの中に手を入れた瞬間です。指先に違和感を覚え、そのあとすぐに激痛が走りました。仲間が釣りあげたオニカサゴをクーラーボックスの中に入れておいて、それに気づかずに私が触ってしまったのです。ひとつテンヤのマダイ釣りで釣れるゲストの中には、危ない魚もいます。そのうちのひとつであるオニカサゴが、そのクーラーボックスに入っていたのです。

オニカサゴのエラブタやヒレには毒があり、それに刺されると腫《は》れあがって激痛が走ります。毒がありますが食して美味な魚なので、持ち帰る釣り人も多くいます。ですので、オニカサゴをクーラーボックスに入れておいた釣り仲間に非はなく、注意不足だった私のミスでもあります。

刺されたあと、船長の迅速な処置で大事には至

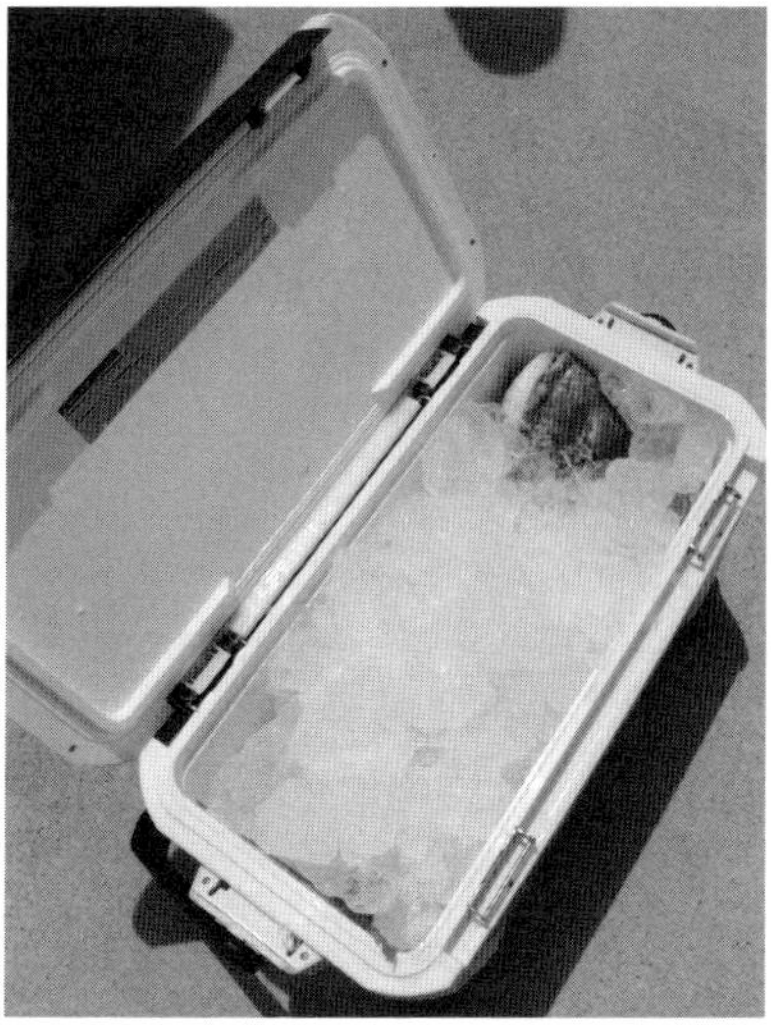

釣りあげた魚をおいしく、新鮮な状態で持ち帰るには、クーラーボックスは必須。氷は船宿に用意されている

ハサミタイプのフィッシュグリップ。危険なゲストが掛かった時にも、これがあると安心

りませんでしたが、あの痛さは今でもしっかりと頭に刻み込まれています。この時以来、クーラーボックスはシェアせずに、必ず自分のものを持っていくようにしています。

●フィッシュグリップ&クリップ

マダイ以外にも、いろいろなゲストがヒットしてくるのが、この釣りの魅力のひとつでもあります。しかし、食べておいしいうれしいゲストばかりとはかぎりません。私が痛い目にあったオニカサゴなどは美味だけれど、その代表例です。危険なゲストが釣れてしまった時に備えて用意しておきたいのが、フィッシュグリップやフィッシュクリップです。フィッシュグリップはハサミのようなデザインをしたタックルで、魚の体をグッと挟んで魚を持ちます。フィッシュクリップは魚の口にクリップを入れ、つまみ上げるようにして持つタックルです。両方用意しておく必要はありませんが、どちらかひとつを持っていたほうが安心・安全に釣りが楽しめます。

また、危険なゲストだけでなく、本命のマダイが釣れて、フックを外す時も、これらの道具があると安心です。マダイの胸ビレや背ビレは硬くて鋭く、ハリを外そうと魚体を持った時に、それが指に刺さることがあります。グリップやクリップでマダイをしっかり押さえ込んでからフックを外せば安心です。ちなみに私は、フィッシュグリップ派。どちらが使いやすい、というのではなく、私は昔からフィッシュグリップを使っていたので、クリップはほとんど使いません。

●プライヤー、ハサミ、ナイフ

この3点に関しては、あると便利、というよりは必ず携帯してほしい道具です。プライヤーは、硬いマダイの口からフックを外す時に欠かせない道具です。ハサミはラインを切る時などに必要になりますが、できればPEライン対応の切れ味のよいハサミがあると便利です。普通のハサミですと、PEラインをスパッと切れません。ナイフは、釣れたマダイやゲストの血抜きをする時などに使います。

●フックシャープナー

孫バリは、そのハリ先が鈍ったら簡単に交換することが可能です。しかし、オモリと一体になっている親バリが鈍った場合、それだけを交換することはできません。そんな時のために、用意しておきたいのがハリ先を研ぐためのシャープナーです。根掛かりを外した時、大ダイを掛けたあとなど、ハリ先の尖りぐあいをチェックしておきましょう。チェック方法としてはハリ先を爪の腹に立てて、少しなぞってみます。この時、ハリ先が引っ掛かるようならば尖っている証拠。滑るようならば、鈍っている証拠です。

研ぐ時には、少しコツがあります。ハリ先を自分の反対側に向けてシャープナーに当てます。この時、手前に引くのではなく、シャープナーに強く押し当てながら前に押し出すようにして研ぎます。何度も繰り返す必要はありません。数回研いだら、再び爪の腹にハリ先を当ててチェックし、滑らなくなったらそれで作業は完了。それまで、合わせてもすっぽ抜けていたのが、これでガッチリとフッキングさせることができるはずです。

親バリの尖りぐあいは、釣行前にすべてのひとつテンヤをチェックしておきます。実釣中にシャープニングするのは、あくまでも応急処置的なものです。

●偏光グラス

偏光レンズを使った偏光グラスは、釣果アップをあと押ししてくれるアイテムです。まぶしさを抑えるサングラスとは違い、偏光フィルターの入ったレンズを採用した偏光グラスは、海面のぎらつきや照り返しなども遮《さえぎ》ってくれます。これによって、ラインや穂先の視認が、圧倒的によくなるのです。あとから詳しく解説しますが、ひとつテンヤのマダイ釣りでは、そのアタリをキャッチするのは穂先やラインの不規則な動きです。いわゆる目感度でアタリをキャッチすることが多くなります。偏光レンズは水面からの乱反射をカットしてくれるため穂先やラインの視認性が、裸眼や偏光機能のないサングラスとくらべて、格段によくなるのです。

偏光グラスのデザインが自分の顔に似合っている、といったファッション性も大切ですが、掛けやすさやカラーにもこだわると、釣りやすさが向上します。掛けやすさとは、長時間掛けていても鼻筋や耳の付け根が痛くならないフィット感や軽さです。購入前に試着し、フィット感などをチェックしておきましょう。

レンズカラーは、いろいろなタイプがラインナップされています。状況に応じてレンズカラーを使い分けると、偏光グラスのポテンシャルをより発揮できます。できることなら、2つのカラーの偏光グラスを用意しておくとよいでしょう。ひとつがイエローやコパーです。朝夕のマヅメ時や曇天時の光量の少ない状況では、このカラーがおすすめです。比較的明るく見えるレンズカラーで、穂先やラインがくっきりと見えます。もうひとつがグレーやブラウン。水面からの照り返しをカットするだけでなくまぶしさも抑えてくれるので、快晴のハイライト時におすすめできるカラーです。

自分の釣り座の前にセットできる魚探。これが使える船宿とそうでない船宿があるので注意してほしい

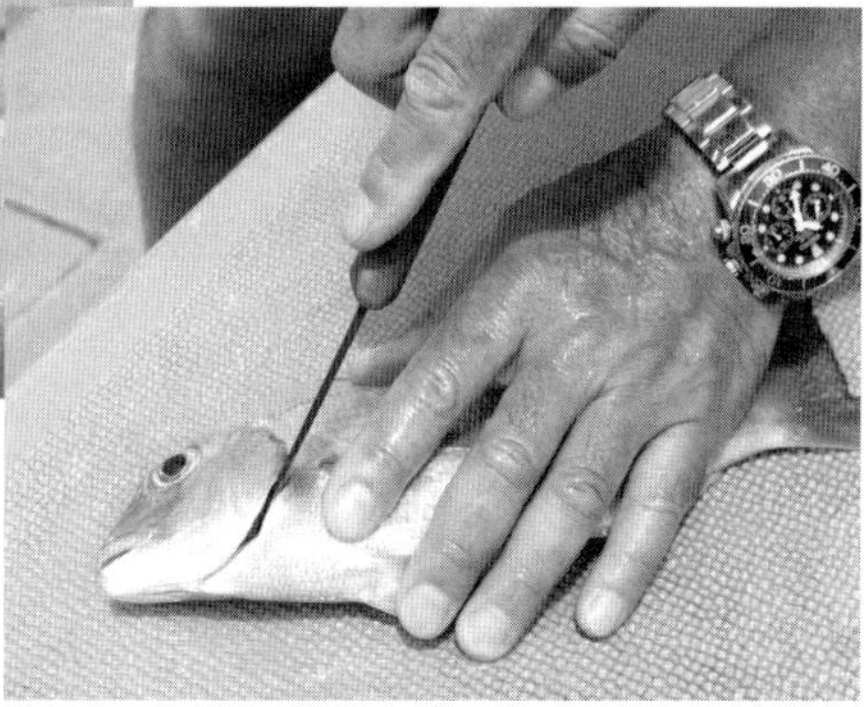

ナイフは魚を締める時にあると便利。フィッシング用のナイフだとサビにくくて使いやすい

視界が明るく見えるイエローやコパー系、そして、海面の照り返しとまぶしさを抑えてくれるグレーやブラウン系。この2タイプのレンズカラーを使い分けることで、見やすさがもっとアップします。

●**魚探**

魚探とは魚群探知機です。もちろん、船長は操船室にいて、魚探とにらめっこしながらマダイを探すので遊漁船にとっては必須の装備です。釣り人も、自分用の魚探を用意し、釣りながらすぐに見られるようにしておいたほうが、圧倒的に有利になります。マダイを探すのは船長にお任せするとして、釣り人が、すぐ見える場所にマイ魚探をセットしておけば水深や海底の地質、さらにはマダイやベイトフィッシュの有無がタイムリーにチェックできるわけです。根や漁礁の上に乗ったら、根掛かりに気をつけながら釣りをすることができます。また、マダイやベイトの反応が出てくればモチベーションも上がりますし、そのタイミングで釣りに集中することもできるわけです。

ただし、魚探を使える船とそうでない船があります。魚探を使って釣りをしたい、という場合は釣行前に調べ、乗る船が魚探を使えるか確認しておく必要があります。

決して安価なタックルではありませんが、これがあると釣果アップにも直結しますし、そう考えると高い買い物ではないと思います。

II

実釣前・実釣後にチェックしたい大切な知識と作業

日本人が大好きなおめでたい魚の習性

マダイの分類は、スズキ目スズキ亜目タイ科マダイ亜科マダイ属になります。学名はPagrsu majorです。まあ、難しいことはさておき、日本では魚といえばマダイといわれるほどで、日本のキングオブフィッシュといった位置づけの魚です。〝めでたい〟という語呂合わせから、祝いの席ではよくマダイが並びます。語呂だけでなく、朱に染まった魚体もめでたさを感じさせてくれます。日本では1000年以上も前から親しまれていた魚のようで、その頃の名称は平魚（たいらうお）などと呼ばれていたようです。それが、いつの頃からかマダイと名前が変わり、現在に至っています。

前述したように、おめでたい魚でもあるため、その名前にあやかった●●ダイ、××タイ、といった魚も数多く存在します。タイの名前を借りた魚種は300以上もありますが、本当のマダイの仲間はチダイ（ハナダイ）、キダイ、クロダイなどほんのひと握りです。食卓でもおなじみで、マダイと似ている鮮やかな赤い魚体をしているキンメダイはキンメダイ科に属し、マダイの仲間ではないのです。外房では、ゲストによくマダイの仲間のチダイがヒットしてきます。一見するとマダイによく似ていますが、チダイはエラの部分がわずかに赤く染まっています。また、体色も鮮やかなのでハナダイなどとも呼ばれます。対してマダイは、尾ビレの縁が黒くなっています。チダイの尾ビレには黒い縁はありません。頻繁にヒットしてくるゲストなので、覚えておいたほうがいいかもしれませんね。

マダイは長寿の魚ともいわれています。一般的には20～30年生き、なかには40年近い長寿のマダイもいます。約1年で体調は15㎝ほどになり、4～5年で成魚になります。もっとも、生育スピードは地域によって異なるようなので、一概にはいえませんが……。生息域は、北海道以南から南シナ海の北部まで。沖縄諸島、奄美群島付近には生息していません。つまり沖縄を除くほぼすべての海域でマダイが生息し、ねらうことができるのです。この生息域の広さも、日本人にとってなじみの深い魚という理由になっているのです。

魚体のサイズはどれくらいまで大きくなるかというと、釣魚としてのマダイの大きさは、JGFA（ジャパンゲームフィッシング協会）の記録をひも解くと11・3kgがレコードになっています。ただ、未確認ではありますが、過去に茨城県・鹿島で13kgがヒットした話は耳にしています。自分で釣った釣らないは別にして、そんなに大きなマダイを一度は拝んでみたいものです。13kgにもなれば、前述した寿命でいうと40～50年も生きたのでしょうか？　なんだか、ロマンのある話ですね。ちなみに、私のこれまでのレコードは、2015年の秋に大原の新幸丸で釣りあげた9kgになります。なので10kgオーバー、これが私の最終的な目標です。いつかは叶えたいものです。

　日本人に大人気のマダイは、需要も多くあります。それゆえ、養殖も盛んに行なわれ、出荷されるまでイケスでずっと飼われている魚もいれば、ある程度成長した段階で海に放流されるマダイもいます。私たちが釣りあげるマダイの中には、放流したマダイもいるかもしれないのです。天

マダイの習性・特性をしっかりと把握することがさらなる１尾のヒットにつながる

然マダイと養殖マダイの見分け方がある、といわれています。マダイの鼻の穴は、切れたように縦に長くなっています。天然のマダイは、その鼻の穴が真ん中付近でくっ付いています。養殖マダイはくっ付いた部分がありません。どちらにしろ、釣れればうれしいことに変わりはありませんが（笑）。

食性は肉食です。エビやカニなどの甲殻類、

イワシなどのベイトフィッシュ、貝類、そしてユムシやゴカイなども捕食します。マダイの噛む力は強烈で、上アゴに2対、下アゴに3対の鋭い犬歯があります。これで貝殻を割って砕いて食べてしまうわけです。以前、まだひとつテンヤの黎明期だった頃、ひとつテンヤのフックが折られてバラしたのを目撃したことがあります。親バリのゲイブ付近からポッキリと折れていました。黎明期だったので、ひとつテンヤによっては粗悪なフックを使っていたこともあったのでしょう。しかし、それほどまでに、マダイの噛む力は強いのです。もちろん、『ビンビンテンヤ』は最高峰フックを使っているので折れる心配はほとんどないのでご安心ください！

マダイの腹を開くとイワシが出てくることがあります。イワシなどの小魚類を捕食しているのですが、これがメインのエサではありません。ブリやヒラマサ、カツオ、マグロといった青もの系の魚は、小魚をメインベイトにしています。青ものはスプリンターさながらのスピードで泳ぐので、ベイトフィッシュを簡単に捕食できます。しかし、マダイは青もののようなスピードで泳ぐとは考えられません。マダイは、泳ぐベイトフィッシュの捕食は下手なのでは……、と私は考えています。そう考えると小魚も捕食しているけど、主食として食べているのはエビやカニといった甲殻類になるのです。エビをエサにしているひとつテンヤは、マダイの好物で釣るわけですから理にかなった釣りでもあるのです。

マダイ釣りのシーズンは昔と違ってだいぶ変化した

マダイ釣りのシーズンは、昔と今ではちょっと異なります。2015年頃以前のシーズナルパターンは、初秋の頃から釣れだし、冬の寒いシーズンになると深いポイントを釣るようになります。そして桜が咲き出した春になると、産卵を意識しだしたマダイたちは、冬を過ごした深場から浅場へと移動してきます。いわゆる〝乗っ込みマダイ〟というやつです。産卵の準備ででっぷりと太った大型マダイが釣れるシーズンとして、多くの釣り人がこぞって釣行し、乗っ込みマダイをねらっていました。そして、梅雨に入る頃になるとマダイシーズンはひと休みで夏はオフシーズン、というのが以前のシーズナルパターンでした。

ところが、最近はこれに変化が見られるようになったのです。まずは春。確かに産卵を意識した大型マダイが、浅場に入ってきて釣れるようになります。数はあまり出なくて、釣れれば大きいのは、以前も今も変わりません。ただ、7kgを超えるような特大ならぬ特ダイが、あまり顔を見せてくれないのです。大きくても5kgぐらいまで。5kgオーバーが釣れた！　なんてことを聞くと、えっ!?　と驚いてしまうぐらいです。6月に入ると乗っ込みマダイもひと段落します。以前なら、これくらいのタイミングでマダイシーズンはひと休みに入るのですが、最近は、ここが大きく異なってきました。

梅雨が明ける頃、短いスパンではありますが、驚くような盛期がやってくるのです。船中で5kgオーバーの釣れる確率がぐんと高まり、2kg台の中ダイのヒットは当たり前。釣れればでかい、というのではなく、でかいマダイが数釣れるのです。2017年、私は、このパラダイスのような釣行を味わうことができました。この日、釣れたいちばん小さいサイズで1・5kg。4kgオーバーが5枚も釣れたのです。そして、最大魚はなんと7・5kgでした。クーラーボックスにも入りきらなくなって、近くの釣り座のアングラーに「もしよろしければどうぞ」と2～3kgの中ダイをおすそ分けしました。いつもなら2～3kgものマダイであれば必ずお土産にして我が家の食卓に並べるところですが、それをおすそ分けしたのは、あとにも先にもこの時だけです。

この梅雨明け頃に絶好の釣りを満喫できるようになったのは、本当に最近のことです。考えられる理由はいくつかあります。ひとつが、それまでは乗っ込みが終わる入梅以降はほとんど釣りをしていませんでした。なので、梅雨明けのタイミングで大釣りができる認識を持っていなかったのが、大きな理由だと思います。では、なぜ乗っ込みでもない梅雨明けの頃に、こんな好釣果に恵まれるのか？　それは、初夏に潮が大きく入れ替わるから

盛夏のマダイ釣り。
以前はシーズンオフだったが今は真夏でも楽しめる

ではないか、と私は考えています。そのため、マダイたちの活性が爆発的に高まる、そんな気がしているのです。

梅雨明け直後の爆釣するタイミングがすぎると、サマーシーズンとなります。以前は釣れなかったと考えられていた夏ですが、そんなことはありません。大ダイのヒットこそ影を潜めますが、1kg弱のマダイはポツポツと釣れます。それに、夏場はシロギスや湾フグといったほかの釣りものも盛期になってくるため、マダイばかりにあまり固執しないのが、夏はオフシーズンになっていた理由のひとつでもあります。

これまではオフシーズンともいえた夏場ですが、初めてひとつテンヤのマダイ釣りをしてみたいと思っている人やビギナーアングラーにとっては、おすすめのシーズンだと思います。ひとつテンヤのマダイ釣りでにぎわう外房の海は比較的ウネリが入りやすいのですが、夏場は意外とナギの日が多いのです。それに釣りをする水深も浅いことが多く、20～30ｍ、時には10ｍちょっとのポイントで釣りをすることもあります。ビギナーアングラーには、非常に釣りやすい環境が揃うわけです。

以前はシーズンインだった秋。好釣果に恵まれにくいシーズンだったのですが、最近では、秋も釣果が安定しています。なぜ、秋でも安定して釣れるようになったのかは、私も分からないのですが、考えられるのはタックルの進化。そして、各船宿の船長がお客さんに釣らせたいがために研究して努力したことが実を結んだのかもしれません。秋は夏とは違い、台風などの影響でウネリが入ることも多くなります。海況が少し悪くなる時も多くなる、ということは覚えておいてください。12月に入ると、そろそろウィンターシーズンに突入です。1～2月の厳寒期でも千葉県旭市の飯岡では30ｍ前後の浅いポイントで釣りをすることが多いのですが、同じ千葉でも大原や茨城県の日立では50ｍ前後、状況によっては80ｍ近いスーパーディープを釣ることもあります。

以前と今とのシーズナルパターンは、がらりと変わりました。この先も、いろいろな変化があるかもしれません。そこは私も予測不能です。ただ、サマーシーズンも釣れるようになり、1年中ひとつテンヤでマダイがねらえるようになったのはうれしいかぎりです。通年楽しめる釣り、というのもひとつテンヤのマダイ釣りの大きな魅力であることは間違いありません。

釣行する場所やタイミングは選んだほうがよい？

ひとつテンヤのマダイ釣りが盛んなのは、千葉県の外房と茨城県です。この釣りの発祥は千葉の大原といわれており、そこを起点に徐々に広がりを見せてきました。最近では、茨城県北部の日立のほうまで、ひとつテンヤ釣りを楽しませてくれる船宿がどんどん増えています。

ひとつテンヤのフィールドは、場所によって特徴が少々異なってきます。発祥である大原よりも以南のエリアでは岩礁が全体的に多く、潮がよく動くエリアになります。状況によっては水深80mや100mといったスーパーディープで釣ることも多くなります。大原よりも以北の飯岡、鹿島、日立といったエリアは、岩礁はあまりなく全体的にのっぺりとしたポイントが多くなります。こちらのエリアでは、岩礁だけではなく、漁礁の周辺をねらうことも多々あります。

釣れるマダイの特徴としては、日立に関してはアベレージサイズが大きく、また、すごく太っている印象があります。大原や飯岡にくらべると、開拓されてまだ日が経っていないので、マダイたちのコンディションがよいのでしょうか？　それともエサがいいのか？

確かな理由は分かりませんが、サイズのよいマダイが釣れるのは大きな魅力ですね。

ほかの釣りものの場合、潮の状況が釣果に大きな影響を与えることが多々あります。大潮や小潮、満干潮の上げ下げや潮止まりなど、そのタイミングが釣果に直結します。しかし、マダイの場合は、潮はあまり関係ありません。どんな潮の状況でも食いがよい時はよし、悪い時は悪くなります。

潮の条件よりも、ニゴリのほうが活性に影響を与えます。カンカンの澄み潮よりもニゴリが少し入っていたほうがよいです。ただし、しばらく海況が悪く、底荒れしているようなニゴリはいただけません。底荒れした時は、それが落ち着いて安定した頃に好釣が期待できます。よく、釣行のタイミングはいつがいい？　と聞かれることがあります。前述したように、マダイの場合、潮はあまり関係ないし、潮のニゴリも、実際に沖に出てみないと分かりません。ですので、私の場合は、潮回りなどは気にせずに時間が空いたタイミングで釣行スケジュールを立てるようにしています。ただし、直近の情報は気にします。飯岡よりも大原のほうが大きいマダイが釣れていればそちらにしますし、大原よりも日立のほうが数もサイズもよい、となればそちらへ行くようにしています。自然相手ですから直近の情報もあくまでも目安であって、釣行したらあとは運任せです。自分が行ける時間、タイミングが吉日です。空いている日があれば、どんどん釣行してください。

ひとつテンヤの生命線「エビエサ」

「海老で鯛を釣る」のことわざどおり、ひとつテンヤのマダイ釣りのメインエサはエビです。この釣りの人気が高まった2013年前後は、冷凍のエビエサが足りなくて、ちょっと困った時がありました。その当時は冷凍エビを解凍して、いざ使おうとするとサイズの小ささに、がっかりさせられることが多かったのです。孫バリにジャストフィットするくらい小さなエビばかりなのです。そして、それをハリに付けようとして2度がっかりするのが質の悪さ。ハリに刺している途中で頭がポロっと落ちてしまうようなエビも少なくありませんでした。その頃は釣り仲間と「いっそのこと、我々でエビを養殖して商売しちゃおうか。絶対に儲かるよ！」なんて冗談とも本気ともつかないことを言っていたくらいです。エサに関してはそんなネガティブな時期もありましたが、今の冷凍のエビエサは、ほとんどがちゃんとしているのでご安心ください。

多くの船宿が冷凍エビを使っていますが、生きたエビを使わせてくれる船宿さんもあります。生きエビの場合、全体的に小ぶりのものが多いのですが、とにかく新鮮で身が締まっているのでハリ持ちが抜群です。マダイも冷凍エビよりガッツリと食ってきます。アタリの出方が全然違います。機会があったらぜひ、生きエビを使ってみてください。冷凍エビとの違いに、驚かれることと思います。

さて、エビエサをひとつテンヤに刺してセットするわけですが、ただ刺せばよいわけではありません。正しくきちんと付けないと、釣果に影響します。まず最初に、エビの尻尾は必ずカットすること。これを付けたままにしておくと、フォール時やアクションを加えた時に尻尾に水の抵抗がかかって、グルグル回転したり不自然な動きになります。そして、カットした尻の部分から、親バリを差し込んでセットします。背が丸まらないように、まっすぐに刺すのが基本中の基本です。

今は、冷凍エビの質もよくなりましたが、それでも、小さいエビが数匹入っていることが多々あります。親バリに付けるにはちょっと小さいかな、といったサイズは、それをそのまま孫バリに付けるのも作戦のひとつです。ただし、これは小さいエビが余った時の救済的な作戦のひとつで、レギュラーサイズのエビを親バリと孫バリに2匹掛けしても、釣果が倍になることはありません。エビミソの詰まった美味しい頭の部分だけかじられて、尻尾しか残っていないことが、ざらにあります。二兎を追うものは一兎をも得ず、ならぬ1尾もヒットせず、になることが多いのです。

船宿さんの多くは船代にエビエサ代も含まれています。まれに仕立ての船などではエビエサ代が含まれないこともあるので、その場合は釣行前に自分で用意しておかなくてはいけないので注意してください。

冷凍のエビエサは乗船時に渡されることがほとんどです。この時、凍っているからといってクーラーボックスの中にしまい込むようなことはしないでください。釣り座に着いて足元に海水の張ったバケツがあれば、その中に放り込んでおきます。なるべく早く解凍させる工夫が必要です。ポイントに着いてさて釣りを開始、という時に肝心のエビエサが凍っているようではひとつテンヤにセットすることはできません。特に冬場は、解凍が遅くなります。寒い季節は、さらに注意が必要です。

エビエサの付け方

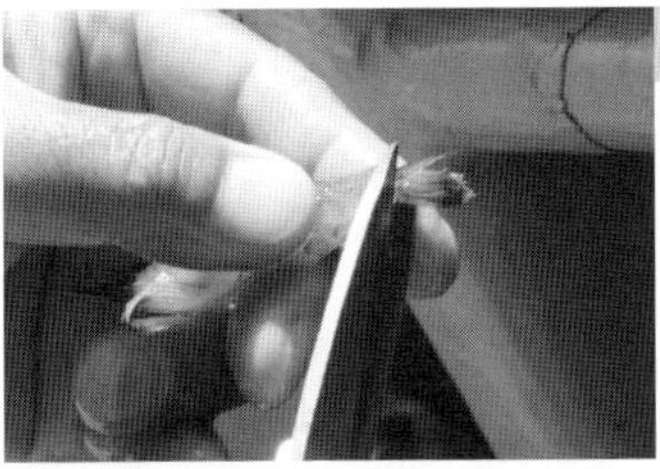
尻尾を根元からカットする。手でちぎらずにハサミできれいにカットすること

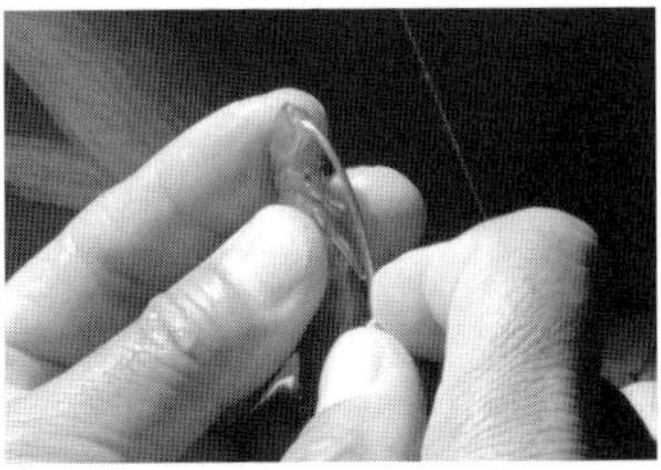
親バリを尻から刺す。入れる前に、ハリ先を出す位置をおおよそ決めておく

親バリを刺したら、全体の形をまっすぐに整える。曲がっているのは厳禁！

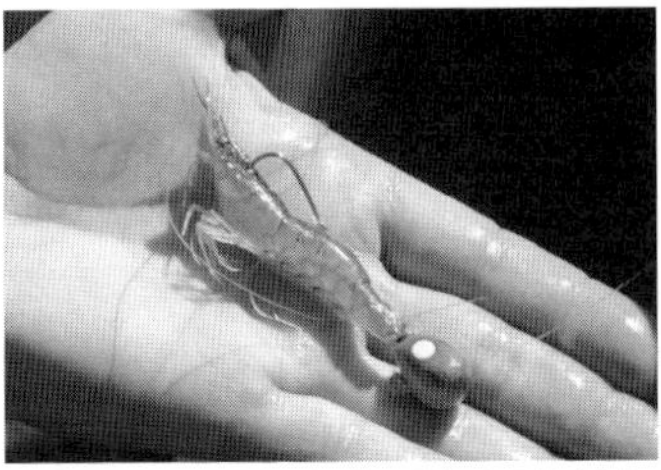
背中の甲羅の硬い部分に孫バリを刺す。貫通させずにチョン掛け程度でよい

凍ったエビエサが解けてきたらトレーに溜まっている水を必ず切っておきましょう。切らずに水に浸けっぱなしにしておくと、エビエサがふやけて鮮度が落ち、すぐに頭がポロリと落ちてしまう最悪の状態になります。特にサマーシーズンなどは、エビの鮮度はすぐに落ちます。水は必ず切り、その上から濡らしたタオルを被せておくくらいの気配りが必要です。

エビエサ用のフォーミュラー剤があります。釣りをしていると、これを使っている人をよく見かけます。フォーミュラーの効用はエビの身を引き締め、さらに集魚効果の強いニオイをプラスする、といったものです。私も、過去に何回か使用したことがありますが、特においしい思いをしたことがなかったので今は使っていません。自分の釣り方には、合っていなかったのかもしれません。もちろん、これを使っている人がたくさんいるわけですから、アングラーによっては効果があることは間違いないと思います。フォーミュラーを使う時の注意点としては、漬け込みすぎないことです。漬けている時間は30分程度。ニオイをたっぷりと付けたいからと長時間漬け込んでも、ふやけてしまうだけで本末転倒になりかねません。そのあたりの使い方を注意しながら、まだ一度も使ったことがない人は、お試しする価値はあると思います。

ひとつテンヤを着底させてから何回か誘ってみて、反応がなければピックアップします。

ピックアップした時、エビエサの頭がしっかりと残っていれば、再投入してもかまいません。しかし、それが取れているようならば、即新しいエサに交換です。エビミソの詰まった美味しい頭の部分からマダイは食いにきますので、ここがないとアピールも半減してしまいます。当然ヒットの確率は、グンと減少するのです。エビエサの付け方や状態は非常に重要だということを、頭に入れておいてください。

釣り船のイケスカゴの中に、生きた状態のままのエビエサをキープ。ピチピチと跳ねて生きがよい

水を張ったバケツに、エビを入れてスタンバイ。生きエビも冷凍エビも付け方は同じ

エビエサ以外のエサはありなのか?

ひとつテンヤのエサはエビが基本中の基本です。しかし、状況によっては、エビ以外のエサでも有効な場合があります。

そのひとつがワームです。バスフィッシングではおなじみの軟らかい素材を採用したルアーです。ワームにはいろいろなデザインがありますが、ひとつテンヤのマダイ釣り用に作られたワームは、いうまでもなくエビを模した形・姿になっています。疑似餌であるワームは、集魚効果や海中での存在感が本物のエサに勝ることはありません。ワームがエビエサに勝るのは耐久性です。小型のマダイやゲストならば、1回ヒットしてもワームの形はそのままをキープ。また、スピーディーなアクションを連続させても、エビエサのようにハリからずれたり頭が取れたり、といったこともありません。ハリ持ちがよいという点では、本物のエビエサとは雲泥の差があります。

このワームの長所が生かされる場面が、ヒットが連発している時です。ヒットが頻繁にみられる時は、マダイの活性が非常に高い状態です。この時は、本物のエビエサより集魚効果の弱いワームでも、果敢にバイトしてきます。ヒットが続いている時は、そのたびにエビエサを付け替えなくてはいけません。ところがワームならば、前述したように、ヒットしてもそのままの状態をキープしていれば、マダイからハリを外せば新たなワームに付け替える必要もなく、すぐに投入できます。ヒットが連発している活性の高い状況では、手返しの早さは大きなアドバンテージになります。

私も、よくワームを使います。これまでにいちばんワームの有効性を実感できたのが2017年の梅雨明けで、大爆釣を堪能した時でした。初めのうちはエビエサを使っていたのですが、ヒットがラッシュとなり、すぐにワームに切り替えました。とにかく活性が高かったので、ワームに切り替えたからといって食いが渋ることもありません。釣りあげてはワームの形を少し整えるだけで再投入。新しいエサに付け替える手間も省くことができ、手返しよくヒットを連発することができました。大型マダイもワームで釣ることができたし、また、サイズだけでなく手返しを早くすることができたので、ヒット数もほかの人より多く釣ることができました。まさに、この時はワームさまさまでした。

ジャッカルからリリースされているテンヤ用のワーム。ソフト素材には集魚効果のあるニオイが配合されている

ワームには、いくつかのカラーがラインナップされています。よく目立つホワイトやオレンジ、本物のエビに近い赤や海底の色になじみそうなナチュラルカラーまで、いろいろです。どのカラーがよいのか、ちょっと悩むところではありますが、私は特に神経質にはならずに、この色がよさそう、といったインスピレーションで決めるようにしています。ただし、カラー選びでベースにしているのは、イワシがいる時はホワイトかグリーン系。海底でエビやカニを食っていると思ったら赤やオレンジを選ぶようにしています。

無機質なワームは、腐敗しないので長期間の保存が可能です。プライヤーやフィッシュグリップなどと同様、装備品としていつも携行しておくとよいかもしれません。

エビエサやワーム以外では、アオイソメが使われることもあります。他の釣りものではよく使う海釣りのポピュラーなエサです。アオイソメもワーム同様、いつでも有効ではなく、期間限定のエサになります。その期間が2～3月。いわゆるバチ抜けのタイミングです。1匹をチョン掛けにするのではなく、2～3匹をまとめて縫い刺ししてボリュームを出すのがキモになります。マダイがバチ抜けを意識している時は、エビエサよりも反応がよいそうです。私は、これまでにアオイソメで釣ったことがないので、チャンスがあれば、アオイソメを使ってチャレンジしたいと思っています。

ドラグ調整はラインブレイクを回避する最重要事項

ドラグはリールの機構のひとつです。ラインに強い負荷がかかるとスプールが逆回転してラインを送り出し、イトが切れるのを防ぐ重要なシステムです。ドラグを正しく機能させるには、ドラグ調整をする必要があります。何g（kg）の負荷がかかったらスプールが逆回転するかを調整するわけです。調整はスプールの頭にあるドラグノブを絞めたり緩めたりするだけで簡単です。ベイトリールの場合は、ハンドルの付け根付近にあるダイヤル（スタードラグ）を回して調整します。

さて、キーになるのがこの調整方法。ひとつテンヤのマダイ釣りで使う基本ラインがPE0・8号です。これだと、だいたい6kgほどの強力があります。つまり約6kgの負荷で切れる、ということです。通常、ドラグ設定は、使うラインの3分の1程度に設定します。約6kgで切れるPE0・8号ならば、その3分1の2kgの負荷でスプールが滑り出すように調整するわけです。しかし、ひとつテンヤのマダイ釣りでは、もう少し弱めの荷重で設定します。800gちょっとの設定です。通常よりもかなり緩めに設定するのですが、もちろんそれには理由があります。

キハダマグロやブリ、シイラといった青もの系の魚は、ファイトの途中で突っ走られると一気に100m近くもラインが出されることがあります。このような状況だと3分の1設定がよいのですが、マダイの場合、グングンといったトルクのある重い引き方をします。ただし突っ走らずに、すぐに止まります。青もので走ってドラグが逆回転しラインが出される時は、ハンドルを巻かずにじっと我慢します。一方マダイでは、引っ張られている時もリールのハンドルをゴリ巻きします。止まった瞬間、ラインのテンションが少し抜けた時にバラすリスクを回避するためです。このように強く引っ張られてドラグが利き、ラインが出されていてもハンドルを巻くために、ドラグ設定は800gほどの弱めにしておくのです。ラインが出ている時にハンドルを巻くのはよいのですが、やってはいけないのが慌ててスプールを手で押さえてしまうこと。これをすると、すぐにラインブレイクして悔しい思いをすることになります。

基本的には800g程度の設定ではありますが、状況によってはドラグの設定を少々変えるようにしています。1kgに満たない小ぶりのマダイばかりが釣れるような状況では、ドラグを少し強めの設定にしておきます。数値

ドラグ設定は緩すぎても締めすぎてもNG。注意が必要だ

としては1kg程度です。アタリがあってフッキングさせたら、そのまま一気に巻きあげて寄せてきたほうが、バラすリスクが少ないからです。

ドラグの数値はドラグチェッカーなどの計測器があれば正確に出すことができますが、ほとんどのアングラーは、お持ちではないと思います。そこで、ドラグ調整で目安にしたいのが、ひとつテンヤを着底させた状態から、ロッドを強くあおってみること。その時にラインが少しジッと出るくらいが、適正ドラグの目安になります。それでも、ちょっと不安と思う方は、船長にチェックしてもらうのが確実かもしれません。ドラグは緩すぎても絞めすぎてもいけません。ラインブレイクで悔しい思いをしないためにも、しっかりと調整しておきましょう。

リールのドラグ調整は800g負荷設定が基本。
釣行前に調整しておくのが理想。確実に行なおう

テンヤのカラーは釣果に関係するが、まだ謎ばかり

この釣りがまだ黎明期だった頃、ひとつテンヤのカラーは鉛を打ちっぱなしにしたシルバーか、それに金メッキを施したゴールドくらいしかありませんでした。しかし、現在はいろいろなカラーがラインナップされています。

マダイをはじめとする魚たちは、色の識別ができるといわれています。ですから、ひとつテンヤのカラーも、間違いなく釣果に影響していると思うのですが、どのような状況ならばこのカラーがいい、といったカラーに関するパターンは、まったく見当がつかないのが正直なところです。

以前、秋の大原でレッド&ゴールド、レッド&オレンジだけが異様に釣れたことがありました。当時は、そのカラーが釣れるという噂が広まり、釣具店の店頭からそのカラーのひとつテンヤだけが姿を消したほどです。その時、私もそのカラーを探し求めたのですが、どのお店に行っても品切れ。私がサポートを受けているジャッカルから送ってもらおうと思って連絡したのですが、メーカーも在庫切れ。仕方なく、バスプロ時代からの大親友である泉和摩さんに着色をお願いしに行ったほどです。彼は知る人ぞ知る、バスルアーの老

舗メーカー「ＨＭＫＬ」の代表でハンドメイドルアーの第一人者。ルアーなどの着色はお手のもの。そんな泉さんに甘えて、ひとつテンヤにカラーリングしてもらったのです。

そして、そのカラーを携えて釣行したら、噂どおりによく釣れました。試しにと、ほかのカラーも使ってみたのですが、反応が非常に悪い。この時、あらためてマダイはカラーを選んで食いにきていると確信したほどです。でも、レッドやオレンジにばかり反応する理由は分からずじまい。そして、そのカラーが爆釣したのも3ヵ月ほどでした。そのあとは、スーっと潮が引いたかのように、釣れなくなったのです。不思議だらけの3ヵ月間でしたが、間違いなくマダイは、レッドやオレンジを選んで食っていたはずです。

モノクロ写真ではちょっとわかりにくいが、以前は着色されずに鉛むき出しのタイプも多かった

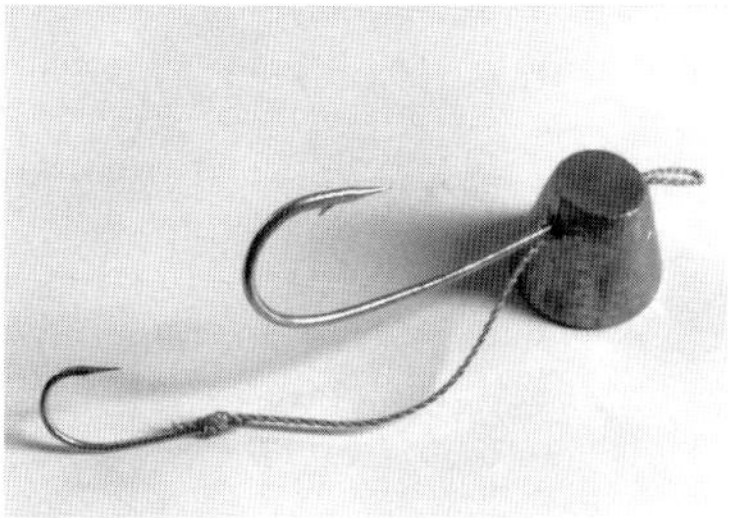

カラーにこだわっているアングラーも多くいます。たとえば、大河が注ぎ込み淡水の影響を受けている海域の鹿島や銚子ではグリーン系統に実績があるとか……。私自身、もっとカラーについて勉強しなくては、と思っているのですが、考えるほど迷いが出てきます。なので、今は釣れそうだと思ったカラー、使ってみたいカラーと、インスピレーションを優先させてテンヤのカラーをセレクトしています。

愛着のある道具たちをしっかりとメンテナンスする

リールの性能がここ数年、格段の進歩を遂げた、と前述しました。その性能の中には耐久性と耐水性も含まれます。このふたつの性能が向上したことによって、海水によるダメージが大きく軽減されるようになったのです。

以前のリールならば、釣行したらすぐに真水を掛けながら隅々に付着している塩をしっかりと洗い流し、タオルなどで水をきれいに拭き取ってから乾かしていました。これを少しでも怠ると、すぐにギヤが塩噛みして、スムーズな回転がそこなわれてしまいました。ところが、昨今のリールはボディーの密封性が向上し、内部への水や塩の浸入を最小限に抑えてくれます。しかし、メンテナンスフリーというわけにはいきません。ただし、リールのボディー全体にさっと水をかけて塩を洗い落とし、あとはリールフットを握って何度か強く振って水気を切ればこれで完了。以前よりも、簡単に実釣直後のメンテナンスが行なえるようになりました。もっとも、これは優れた密閉性を持つ中級機種以上の話で、廉価モデルなどは密閉性はあまり優れているとはいえないので、丁寧なメンテナンスが必要不可欠です。

実釣直後のメンテナンスは、付着した塩をきれいに落とすことですが、1シーズンに最低でも2～3回はオイルを注すメンテはしたほうがよいのでしょう。ただし、分解してオイルを注すのはあまりおすすめできません。今のリール、特に中上級モデルは精密機械のような精度で組みあがっています。そのため、一度バラしたら、元の状態に戻せなくなるリスクが極めて高いのです。ラインローラーやベイルアームのジョイント部分、グリップノブなど分解しなくても注油できる箇所にオイルを注しておく程度で充分です。

このほかにメンテナンスではないのですが、リールの保管で気を付けていただきたいことがあります。実釣して塩を洗い流したら、ドラグをユルユルの状態にして保管してください。絞めっぱなしにしておくとドラグの重要パーツであるワッシャーが、圧迫されてつぶれてしまいます。これがつぶれるとドラグは正確に仕事をしてくれず、ひいてはドラグ性能の低下につながります。

ロッドも、実釣後にすぐに水洗いします。ガイドのメタルパーツ付近は、特に念入りに水洗いして塩を落としてください。ブランクに付着した塩は、濡れタオルできれいに拭き取っておけば問題ありません。実釣直後でなくてもよいのですが、グリップのEVAの汚れが気になる時は、ウェットティッシュで丁寧に拭けば、意外ときれいに落ちてくれます。

使ったひとつテンヤも、実釣直後のメンテは必要です。まずは、潮を完全に落とします。

タックルは常に最良の状態をキープし、それで実釣に臨む。
使いやすいタックルはモチベーションも上げてくれる

小さな容器にひとつテンヤと真水を入れて、シャカシャカとシェイクすればよいのですが、たまにハリ先のカエシの裏側にエビエサのカスが付いていることがあります。これも見落とさずにしっかりと取っておかないと、そこにサビが浮いてくるので要注意です。このほか、ひとつテンヤのハリ先もチェックしておきます。鈍っていれば、すぐにシャープニングです。孫バリが鈍っているのなら、それは迷わずに新品と交換してください。ひとつテンヤのメンテナンスは、釣果に直接影響しますので！

III

実釣では底立ちを取ることがすべてのスタートになる

底立ちが取れなければマダイ釣りはスタートしない

船がポイントに着いて「ハイッ！　どうぞ」という船長の合図があったらいっせいにひとつテンヤを落とし込みます。軽くアンダーキャストして、船べりよりも数m先に着水させればよく、遠投を意識する必要はありません。あとは自然にテンヤを底へ沈めます。ここからが、ひとつテンヤのマダイ釣りのいちばん重要なところです。「ひとつテンヤを確実に海底に着底させること」が、この釣りの基本中の基本なのです。いわゆる、底立ちを取るということです。マダイたちの主食となっているエビやカニは底にいて、マダイは常に意識を海底に向けています。それゆえ、エビをエサにするひとつテンヤでは、海底が主戦場になるわけです。

底立ちを取るのに重要なのが、フォール時のサミングです。サミングとは、リールのスプールから放出されるラインを軽く指先で触れ、落下するラインのスピードをコントロールするテクニックのことです。

スプールから出ていくラインに抵抗をかけてフォールスピードを落とすことで、ラインに少しテンションがかかり、着底した瞬間が分かりやすくなります。ひとつテンヤがボトムに到達すると、それまでラインにかかっていたテンションがフッと抜けたようになり、着底したことを認識できます。

サミングしなくてはいけないもうひとつの理由が、イトフケの防止です。海中には潮の流れがあります。ラインが横から潮の流れを受けると、それが抵抗になって横へふくらんでしまいます。ひとつテンヤも多少は潮の流れの影響は受けますが、重さがあるのでほぼ真っすぐ下へフォールしていきます。しかし、ラインは下と横方向への力がかかり、どんどんスプールから放出されてしまうのです。ひとつテンヤが水深30ｍの位置にあるのに、出ているラインは50ｍ以上、ということにもなりかねません。「もう、ひとつテンヤが着底してもよさそうなのに、まだラインが出ていく」という時は、ラインが潮の流れで横に引っ張られているのです。だから、着底していてもラインだけはどんどん出ていってしまうわけです。これだけ余計なラインが出てしまえば、着底したことも認識することはできなくなります。また、ラインがいたずらに横にふくらむので、周りのアングラーとのオマツリを多発させます。自分の釣果にも影響を与えるどころか、周囲にも大きな迷惑をかけてしまうことにもなるのです。気が利く船長や中乗りさんがいる場合は、オマツリを連発させているアングラーがいると、サミングすることをアドバイスしてくれます。自分のためでもあり、周りのアングラーのためでもあるアドバイスです。素直に耳を傾けて、船長さんの指示に従うようにしてください。

フォール時の鉄則ともいえるサミングは、漠然とラインに抵抗をかければよい、というものではありません。抵抗をかけすぎてもフォールスピードが遅くなって、素早くボトムへ届けることができなくなります。あまり抵抗をかけすぎず、かといってラインが引っ張られるがままに放出するのではなく、そのあたりの塩梅が重要です。これは、なかなか口で説明しても難しい部分であり、実釣経験の中から、その感覚をつかんでいくようにしていただきたいものです。

潮が非常に速い時は、サミングだけでは対処しきれません。そのような時は、ひとつテンヤの号数を重くすることが重要。先にも解説しましたが、テンヤの号数セレクトは「水深10mで2号」が目安。つまり30mの水深ならば6号が目安の号数になります。しかし、底がなかなか取れないのなら、それを8号、10号と重くします。逆に、ないでいて潮もあまり速くないのであれば、6号にこだわらず5号、4号と落としていくのも作戦のひとつです。軽いテンヤを使ったほうが、エビエサを海中でナチュラルに動かすことができ、誘い方にも幅が持たせられるので有利です。しかし、軽いひとつテンヤを使いたいからといって、底立ちが取れなくなるようでは本末転倒です。

PEラインの多くは、色分けされたマーカーで着色されています。5mピッチだったり

2・5mピッチだったりと、ラインによってさまざまあり、これも底立ちを取るのに有効になります。最初に底立ちを取った時、ラインのカラーが何色になっているかを覚えておくことです。こうすることで、次にフォールさせる時、スプールから出ていくラインのカラーがその色になれば「そろそろ着底するな」と、目安にすることができるのです。

潮が速かったり、ウネリで船が大きく揺れていたり、また、風で船が早く流される時などは、底立ちを取るのも簡単ではありません。しかし、これができないとひとつテンヤの釣りは始まりません。確実に底が取れるようになることが、ひとつテンヤのマダイ釣りの登竜門です。

指で放出されるラインを軽くタッチし、わずかにブレーキをかけてフォールさせるサミング

キャストした時は、フォールの状況をイメージする

ひとつテンヤのフォールは、ほぼ真下にバーチカルに落として誘いをかけるのが基本ですが、そこで反応が乏しいようならば、キャストして広く探るのも作戦です。キャストで少し遠くに着水させた時に大切なのがサミングのかけ方。そして、海中でのひとつテンヤのフォールイメージです。

着水したら、少し強めにサミングをかけてフォールさせると、穂先を支点にしてひとつテンヤは手前に寄ってくるような軌道で沈下します。いわゆるカーブフォールです。少し離れた場所にキャストしても、着底する時はかなり手前にくることになります。ただ、カーブフォールでは、ラインが張った状況になっているため、着底の感触もつかみやすく、また、フォール中にバイトがあった時、それをキャッチしやすくなります。

着水したらサミングせずにそのままラインを送り出すか、もしくはサミングしてもほとんどラインにテンションをかけないフォールでは、ひとつテンヤはカーブの軌道ではなく、着水点からほぼ真下に沈下します。いわゆるフリーフォールです。フリーフォールの場合、ひとつテンヤとアングラーの間のラインが一直線になって落下していくことはありません。

PEラインが水の抵抗を受けて、湾曲します。そのため、着底した感触は少し分かりにくくなります。ラインの入水点をしっかりと注視し、ラインが水中に引き込まれていく状態が止まったら、それが着底のサインになります。ただし、ひとつテンヤが着底しても、PEラインは海中でフケている状態です。そのフケた分をすぐにリールで巻き取ることが大切です。

　カーブフォールにしてもフリーフォールにしても、ひとつテンヤがどのようにフォールしているのかをイメージしながら釣りをすることが非常に重要なのです。

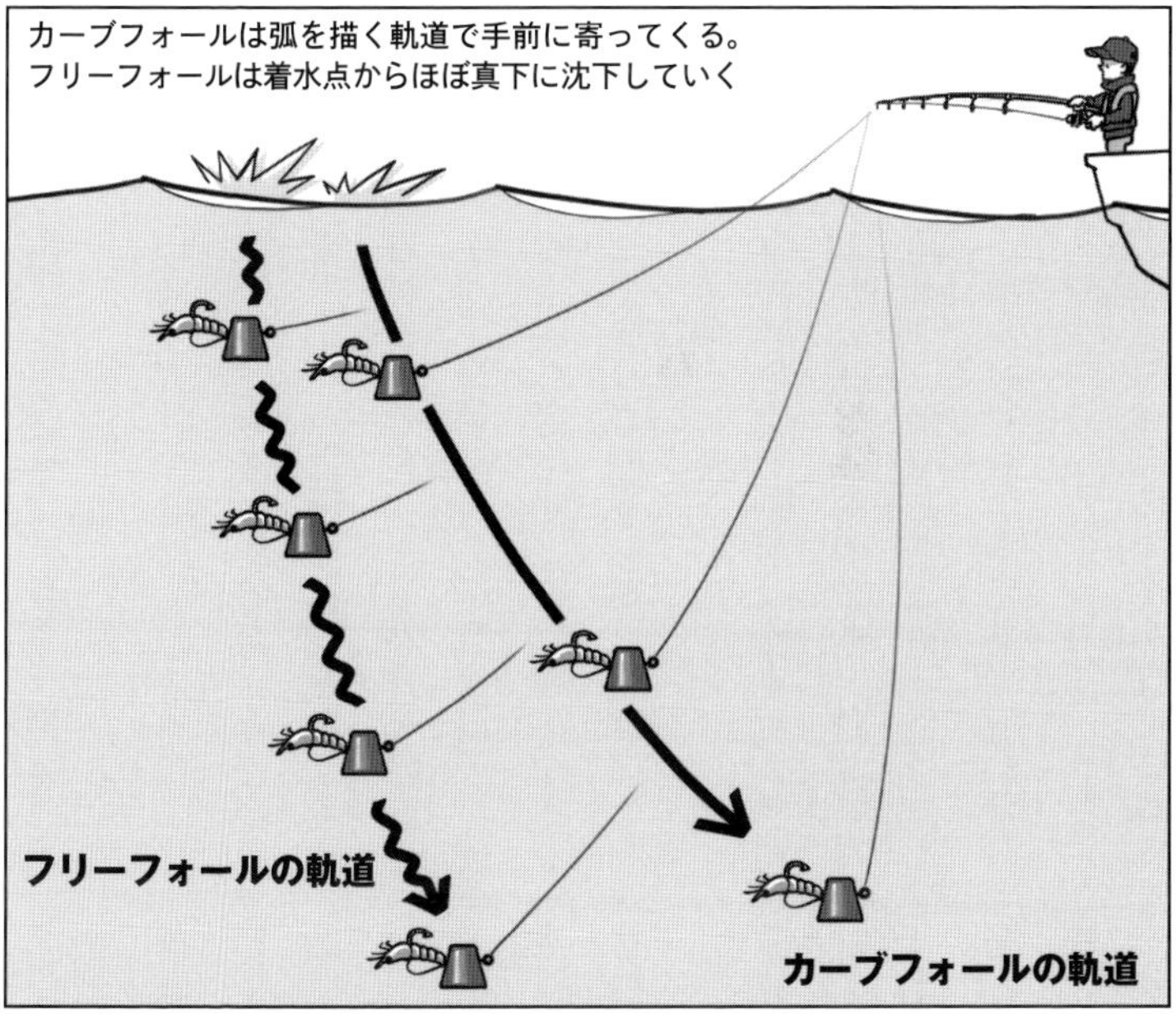

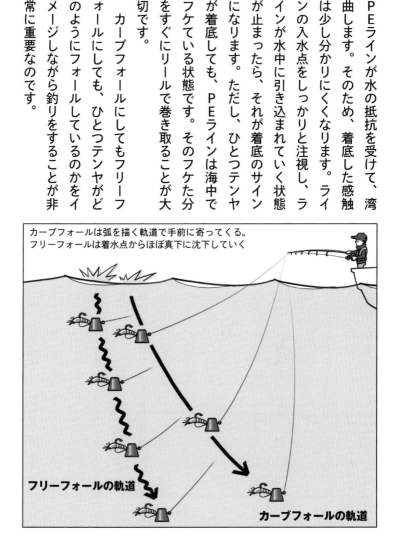

誘いの基本はリフト&フォール。縦の動きでアピールする

数年前、私が乗った乗合船の船中で、私だけがコンスタントに釣れたことがありました。ほかの釣り客のサオが曲がるのはポツリポツリ。皆さん、一生懸命誘いをかけてマダイにアピールしているのですが、なかなかヒットに結び付きません。私も朝から誘いをかけるのですがまったく反応がなく、テンションは全然上がりません。そんな状況で、置きザオにしてひとつテンヤを沈めっぱなしでパンをかじっていたのです。その時、ロッドのティップがピクピクと動き、それまでほとんどなかったアタリが出ました。私はパンをほお張りながら慌ててアワセを入れると、その日のファーストヒット。

その瞬間は勝手に釣れちゃった感じで満足感はなかったのですが「待てよ?」と。誘いをかけないほうが釣れるのではないか!? ということに気づいたのです。フォールさせてそのまま着底した状態でアタリを待ちます。いわゆる、〝ホットケ〟というパターン。その状態のまま、しばらく待っているとピクッというアタリ。ヒットです。これが分ってからは、コンスタントにヒット数を伸ばしました。

お隣のアングラーさんはといえば、朝からノーヒット。「なんでそんなに釣れるんです

か？　エサが違うんですか？」と、顔見知りの方ではないのですが、聞いてきたのです。ちなみに私は、誰かに聞かれれば嫌な顔をせずに、正直に教えてあげるようにしています。聞かれるのはちっとも迷惑ではありませんし、釣り業界に深く携わっている以上、皆さんに楽しく釣りをしていただき、もっと業界を盛り上げていきたいので、聞いていただければしっかりと答えるようにしています。ただ、こちらからお教えすることはありません。なんだか押しつけがましいような気がするからです。ちょっと話がそれましたが、お隣の方に教えてあげたら、誘わず待つだけの釣りでコンスタントにヒットするようになりました。アクションを加えずに静かに待つのがこの日のヒットパターンだったのです。

しかし、ひとつテンヤを海底に沈めておくだけでよく釣れたのは、あとにも先にもこの日だけ。ひとつテンヤの釣りでは、誘いを入れないと釣果アップは望めません。

基本的な誘い方は着底させたらロッドを振り上げてひとつテンヤを跳ね上げる、つまりリフトさせます。そして、またフォールさせる。これを繰り返すリフト&フォールです。リフトさせる時はロッドのアクションだけでなくリーリングも加えれば、もっと高くまでひとつテンヤを持ち上げることができます。ただしこれでフォールさせた時は、リールのベイルを返して少しラインを送り出してあげないと、着底しないので注意してください。

リフトした時にマダイがエビの存在に気づき、フォール後の着底と同時にパクリと食う。

そんなイメージでマダイがヒットしてくるわけです。フォールで着底させてから少し間を取り、マダイがエビを食べるタイミングを作ってあげるようにします。少し時間をおいてもアタリが出なければ、再びリフトさせて誘います。基本は着底させてから少し待つのですが、時には着底したら、すぐにリフトさせたほうがよい場合もあります。また、リフトの高さはあまり持ち上げないようにするなど、リフト&フォールでもいろいろなバリエーションでその日のマダイにいちばん合ったアクションを探し出してください。

誘いの基本のリフト&フォールを6～7回繰り返したらエサが付いている、付いていないにかかわらず、一度ピックアップし再投入するようにしてください。リフトの時に着底していた位置とフォールで着底した位置は、潮の流れや船の動きで同じ場所なることはほとんどありません。自分ひとりで釣りをしているのならばリフト&フォールをずっと繰り返し、ひとつテンヤの位置がどんどんズレていってもかまわないのですが、ほかにも釣り客はいます。ピックアップして再投入してテンヤの位置をリセットしていかないと、オマツリをしてしまい、周りの人に迷惑をかけます。頻繁にオマツリをしている人を見ていると、ひとつテンヤをほとんど入れ直しません。長時間、沈めっぱなしでピックアップしていないのです。オマツリをしないように気を遣う、ということも、特に乗合船では大切なマナーです。

アタリは船の揺れに同調させるのがポイント

　アタリの取り方には2つのパターンがあります。ひとつが手感度、そしてもうひとつが目感度です。

　手感度とはマダイがエビを食った時、その感触がラインからロッド、そして手に伝わってくる感度のことです。コツンとかツンツンといった違和感が、ダイレクトに手で感知できるので分かりやすいです。手感度でアタリをキャッチする時の注意点としては、ロッドを強く握らないこと。なるべく優しく、ソフトに握ります。力を入れてギュッと握っていると、小さなアタリを感じ取れないこともあります。ロッドのグリップエンドを肘で支えると、比較的優しく握ることができます。余談ですが、私がロッドを開発する時は、グリップの長さにこだわっています。ロッド全体のバランスだけでなく、肘に当てやすい長さかどうかに、気を配っているのです。

　もうひとつの感度の目感度は、ロッドティップのイレギュラーな動きで察知する感度のことです。絶えず船が揺れるため、ティップも常に上下に動いています。その中から不自然な動きをキャッチするので、慣れていないとアタリを察知しにくいでしょう。しかし、これを完璧にマスターすることで、釣果を飛躍的に伸ばすことができます。目感度では、手感度では取りきれないアタリを拾うことができるのです。たとえば、マダイがエビエサをくわえて少しだけ食い上げた時は、手感度にそれは伝わってきません。ところが、目感度の場合は、ティップがプンと弾かれるように小さく上に跳ね上がります。が、実釣を重ねないとティップの小さな変化を察知するのは難しいと思います。

そこで少しでも変だな、と思ったらロッドを少しゆっくりと聞き上げてみてください。いわゆる、聞きアワセです。もし、マダイがエビをくわえているのなら、そこでツンッと、手感度によるアタリが出ます。聞きアワセでは、極端に強くロッドを振り

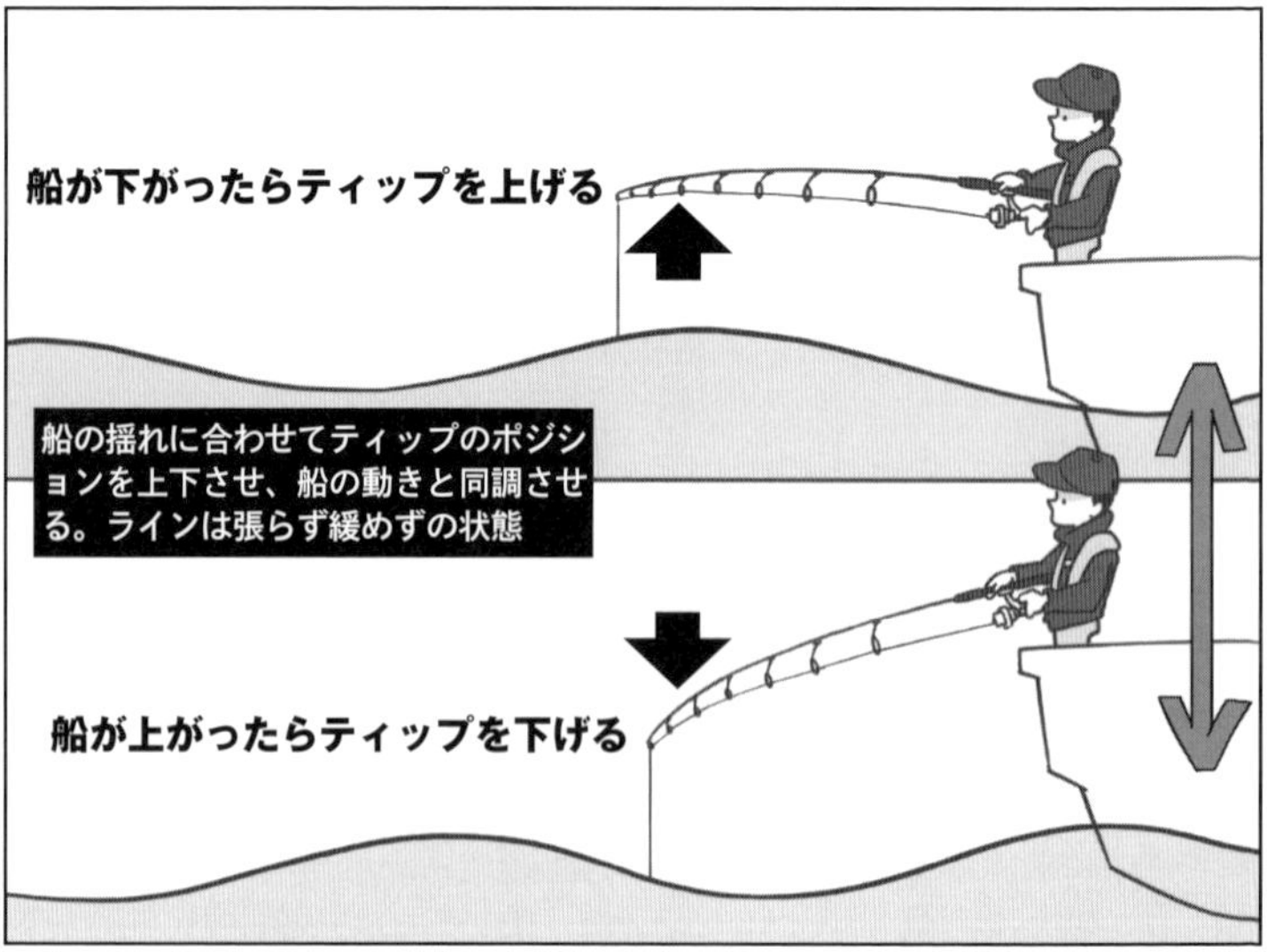
船が下がったらティップを上げる
船の揺れに合わせてティップのポジションを上下させ、船の動きと同調させる。ラインは張らず緩めずの状態
船が上がったらティップを下げる

上げてしまうと、マダイがびっくりしてエサを離してしまうこともあります。なので、速からず遅からずのスピードでロッドをコントロールするのがキモになります。空振りでもかまいませんし、何度も聞きアワセをすることで、どれが本当のアタリかそうでないかが分かるようになります。聞きアワセがきちんとできれば、格段に釣果アップすることは間違いありません。これを極めれば、小さなトラギスがエビの脚をついばんでいる微細なアタリも分かるようになります。

手感度にしろ目感度にしろどちらでも重要なのが、ラインを「張らず弛めずの微妙な状態」にしておくこと。これによりアタリが分かりやすくなるのです。ラインの状態をこのようにさせるには、ティップを船の動きに同調させることです。波で船が持ち上がればティップを少し下げる、逆に船が下がればティップを少し上げて同調させ、ラインを常にその状態にしておくのです。

ラインが弛んでいるようならばひとつテンヤは確実に着底していますが、手感度はもちろん、目感度でもアタリが取りにくくなります。逆に、常にテンションがかかっているようだと手感度は取りやすくなるのですが、ひとつテンヤは底を切った状態になり、マダイの反応は悪くなってしまいます。波で揺られる船の動きに同調させ、ラインを絶妙な状態にしておくことで、アタリが取りやすくなるのです。

マダイの硬い骨に対して、強く合わせるのが基本

マダイの口の中は非常に硬いです。ずば抜けて刺さりのよいフックでも、口の中の骨の部分を貫通させることは難しいでしょう。そのため、フックは口の中に刺さるのではなく、口の中に入ったフックが滑って外に出ていく時に、口周りの比較的引っ掛かりやすい場所に刺さってフッキングするわけです。

口周りの刺さりやすい場所に引っ掛かったといっても、最初のフッキングでそこを貫通していないことが多く、やり取りの途中でマダイがグイグイと引っ張ることで深く刺さっていき、そして貫通してハリ掛かりするわけです。最初が肝心で、少しでもガッチリとハリ掛かりさせておきたいので、アワセは強く素早くが基本です。ラインがフケているようでしたら、リーリングでそれを取ってから一気にガツンと合わせます。そして、重さを感じたら、間髪入れずにグイグイとリールを巻きます。優しく合わせているようでは、しっかりとフッキングしないのです。このように、マダイの口は非常に硬いため、フックポイントは常にシャープに研いでおきます。また、でかいマダイが掛かったあとなども必ずフックポイントをチェックしてください。

ヒットしたらランディングまでは気もラインも緩めない

アタリをキャッチしガツンと合わせてフッキングさせたら、間髪入れずにゴリ巻きします。グイグイとマダイが引っ張ってもおかまいなく巻いてください。マダイの硬い口に掛かっているフックを、より深く突き刺すためです。そしてもうひとつ、すぐに根や漁礁から引き離すためです。根や漁礁に潜り込まれたら、そこから引き離すのは容易ではありません。それに岩礁にラインが少しでも擦れようものなら、ラインブレイクでいっかんの終わりです。ラインやドラグが悲鳴を上げても、合わせて乗ったら躊躇《ちゅうちょ》せず一気にリールを巻きましょう。

ある程度、底から離れたらちょっとひと安心ですが、まだ気を緩めてはいけません。よくポンピングでマダイを寄せてくる釣り人を見かけます。ポンピングとはロッドを後方に引き付けてから、元のポジションの前へ倒すタイミングでリールを巻き、徐々に魚との距離を詰めていくランディングのテクニックのことです。青もののオフショアゲームなどでは、ポンピングはごく当たり前に行なうテクニックですがマダイの場合は、これは厳禁。確かに寄せやすくはなるのですが、バラシのリスクが大きくなるのです。ロッドを前に戻した時、ラインテンションが一瞬、フッと抜けます。この時にバラしやすくなるのです。マダイの硬い口にしっかりとハリ掛かりしていない状態でポンピングすると、バラしてしまう確率が非常に高くなります。

ロッドのグリップエンドを脇に挟んで固定させ、ロッドポジションはほとんど動かさずにリーリングだけでマダイを寄せてきます。ポンピングの豪快な動きにくらべると、少々地味ですが、これがマダイ流の寄せ方です。

経験を積むとヒットした魚の引き方で、その魚種がある程度分かるようになります。マダイの場合、ゴンゴンと首を振りながら下に突っ込んでいく引きをみせます。マダイと似た引きをするのが、サイズのよいフグやカンダイです。マダイかな、と期待しつつあがってきたのがでかいフグということは頻繁にあります。青ものはヒットした直後から走り出し、その距離が長いのが特徴。だいぶ手前に寄せてからでも、一気に走り出すこともあります。韋駄天並みのその走りっぷりから、青ものと分かります。ヒラメやカレイも特徴的です。引き味の面ジワーっと引っ張られて、重いだけの引きです。引き味の面

ヒット直後からマダイは根に逃げ込もうとする。ここに入られたら引き出すことは難しい。ヒットした瞬間が肝心

白さ、という点ではちょっと物足りなさを感じます。

魚種ごとの特徴的な引きを覚えておけば、「青ものもののようなので、これはポンピングで早めにケリをつけてやろう」とか「いいサイズのマダイっぽいので、慎重に！」といった判断ができるのです。しかし、マダイの中には少々ひねくれ者もいます。以前、私が釣りあげた魚で、ヒットさせた瞬間にこれは大もの、と確信させる魚がいました。少しリールを巻いたところで一気に長い距離を走り出したのです。その走りっぷりから青ものだと思いました。隣でネットを持って準備していた船長も「こりゃあハマチかヒラマサだな」などと言っていたくらいです。ならば、と私もポンピングを駆使してどんどん手前に寄せてきました。その間も時折、長い距離を走るのです。だいぶ手前に寄ってきてから海面をのぞいていた船長がひと言「マダイだ！　それも、かなりいいサイズ!!」と言うのです。私もエッ？　という感じ。無事にネットに収まったそのマダイは3kgオーバーの良型でした。そのマダイの口に掛かったひとつテンヤを見ると、よい場所に

合わせた瞬間から強い引きで引っ張るが、ためらわずに一気にリーリング。ラインが悲鳴を上げても巻き続ける

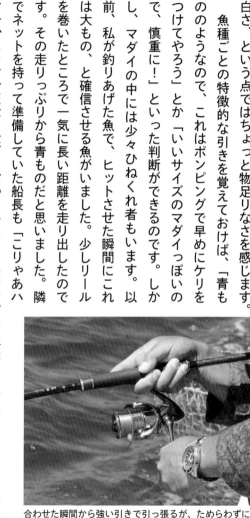

ガッチリとフッキングしていました。掛かりが浅かったら、ポンピングした途中でバレていたでしょう。それにしてもこのマダイ、わざと青もののふりをして、私にポンピングをさせて逃げようとたくらんでいたのでしょうか？　だとしたら、かなり狡猾《こうかつ》なマダイですよね。

さて、体験談はさておき、またランディングの解説に戻ります。

青ものだと走り出すとかなり長い距離を走りますが、マダイの場合はその距離はあまり長くはありません。青ものの場合、走り出したらロッドを立てて、リーリングせずにドラグを出しながら走りが止まるのをじっと我慢します。しかし、走る距離の短いマダイは、走ってドラグ

魚が走ってもリールを巻き続けるのがマダイ釣りのファイト。
マダイの走りはすぐに止まる

が鳴ってもリーリングを止めずに、そのまま巻き続けます。走るのをやめた瞬間、ラインテンションが抜けて、その瞬間にバレるのを防止するためです。

海面からマダイが顔を出し、それが１㎏に満たないようなサイズなら一気に抜き上げてしまいましょう。ロッドのバット（ブランクスの手元部分）に手を添え、タイミングよく船の揺れとロッドの反動を利用して抜き上げます。リーリングだけでグリグリ巻いて水面から持ち上げようとすると、ラインブレイクどころかロッドも破損しかねないので気を付けてください。

大きいマダイが掛かったら、無理せず、船長や中乗りさんにフォローしてもらいながらネットでランディングするようにします。また、３㎏を超える大ダイとのファイトではマダイの動きに合わせて、釣り座から離れ船内を移動しなければいけない場合もあります。周りの釣り客には多少迷惑をかけるかもしれませんが、この時ばかりは自分が主役です。マダイの動きに合わせて移動してもかまいません。逆に、近くの釣り客が大ものを釣りあげた時はその状況を見て、こっちに来そうだと思ったら、素早く自分のひとつテンヤをピックアップし、その釣り客が安心してファイトできる状況を作ってあげるようにしましょう。乗合船は持ちつ持たれつの関係です。お互いが気持ちよく釣りができるように気遣うのは、最低限のマナーです。

船の流し方によって注意したいこと

ひとつテンヤのマダイ釣り船の流し方には、2つの方法があります。「パラシュート流し」と「エンジン流し」です。

パラシュート流しとは、船首からパラシュートアンカーを垂らしたらエンジンを切り、海中のパラシュートが潮流の抵抗を受け止めることで、ゆっくりと船を流がす方法です。風の影響で船が流されるのをパラシュートが抑えている、と思っている人が意外と多いようですが、実は潮流を利用した流し方なのです。「パラシュート流し」は、一定方向にゆっくりとしたスピードで流れていくため底が取りやすくなり、釣りやすいのが利点といえるでしょう。私はあまり気にしたことはないのですが、エンジンを切って流すためマダイにプレッシャーがかかりにくい、ともいわれます。しかし、それがどれだけマダイに警戒心を与えているかは、私のキャリアの中では判断できかねるのが実情です。

もうひとつがエンジン流し。これはエンジンをかけたままの状態でパラシュートアンカーは使わず、船のポジションを少しずつ調整していく流し方です。漁礁などをピンポイン

船首からパラシュートアンカーを投入する

トでねらっていく時などは、このエンジン流しをすることが多いです。

　エンジン流しで釣りをする場合、ひとつテンヤの号数を少し上げておいたほうがよいでしょう。というのも、エンジン流しではポジションをエンジンでコントロールするために、船の位置が前後左右に動き不安定です。そのため、海中に垂れているラインがS字を描いてしまったりして、少々釣りにくくなります。もちろん、船長はそんなことは百も承知で、なるべく船のポジションを動かさないようにして、マダイが溜まっているポイントで釣りができるように操船しています。あとは、釣り人側が少し重い号数を使う、または、ピックアップしてから再投入する入れ直しの回数を多くするなどして対処してほしいものです。繊細なひとつテンヤのマダイ釣りは、船長との共同作業も大切になってくるのです。

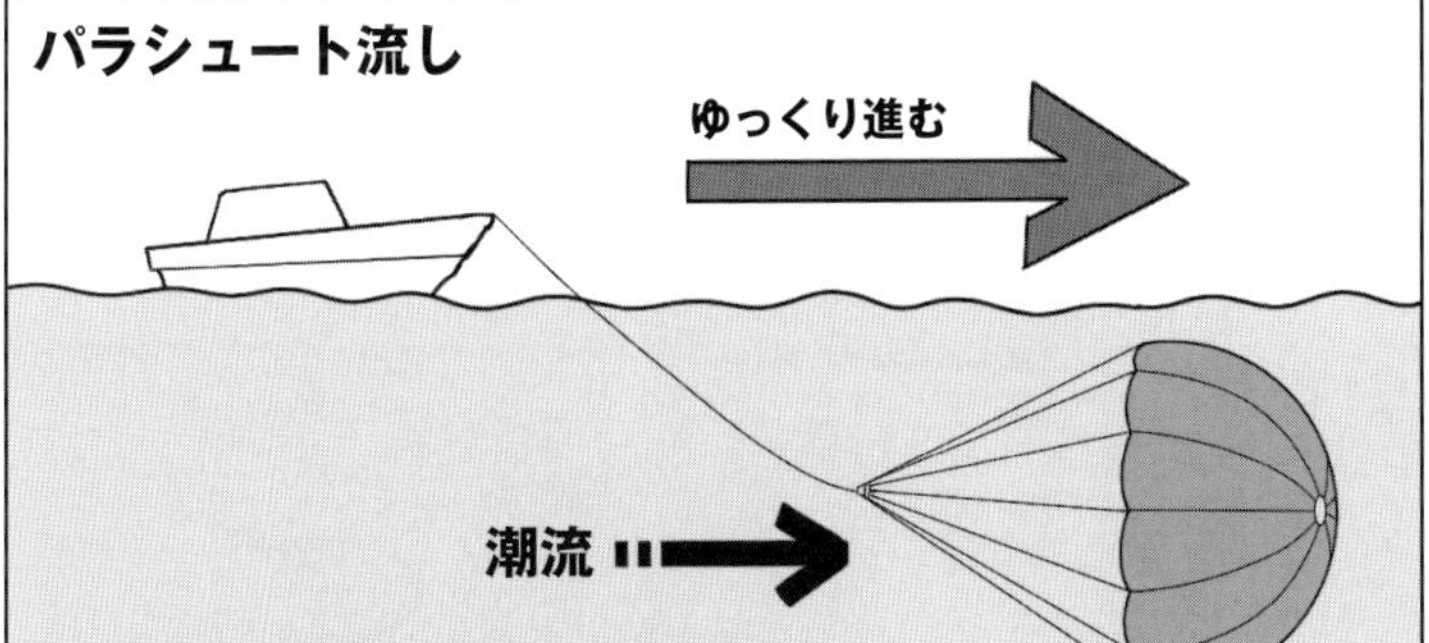

パラシュートが潮流を受け止めることで船をゆっくり流せるのがパラシュート流し。対してエンジン流しは、ボートが前後左右するので少々釣りにくい

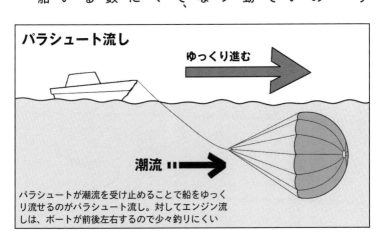

スーパーディープを攻略する方法はあるのか？

以前はウインターシーズンに深い場所をねらうのが定石でしたが、それでも水深60mほどまで。しかし、昨今はさまざまな条件が重なって80m、時には100m近い水深をねらうことがあります。その水深だとひとつテンヤを着底させれば、マダイにかぎらず多彩なゲストたちがいとも簡単にエビエサに食いついてきます。しかし、スーパーディープまでひとつテンヤを落とし込むのは至難の業です。水深は100mのはずなのに、ラインが120m出ても全く着底した感触はありません。周りの釣り客も、オマツリを多発している始末です。もちろん、船長もお客さんに釣らせたいという思いから、やむなく深場をねらうのであって、致し方ないところではあります。

こんなスーパーディープをねらう時の対処法としては、できるかぎり重いひとつテンヤを準備しておくことです。ジャッカル『ビンビンテンヤ』でしたらマックスの号数は15号。これを使うようにします。さらに、ラインも0・8号ではなく、それよりもワンランク細い0・6号を使うとよいでしょう。

そして、もうひとつの対処方法として、タイラバを使うのも有効な作戦です。ジャッカル以外の他メーカーのひとつテンヤでも、ラインナップしている号数でいちばん重いのが15号（約54g）です。しかし、タイラバだと15号よりも重いものがいくつもラインナップされているのです。80g、100g、120gといったウェイトならば100m近い水深でも、きっちりと底を取ることが可能です。

　実際のところ、水深60mよりも深い場所を攻めるとなると、ビギナーには少々ハードルが高くなります。まずは、釣行前に船宿のウェブサイトなどを開いて最新の釣果情報、さらに、どれくらいの水深を釣っているかチェックしてみましょう。釣る水深が報告されていない場合は、予約を入れる時に「何号ぐらいのひとつテンヤを用意しておけばよいですか？」と聞いてみてください。「深い場所もやるので、重めのひとつテンヤを用意してください」と言われたら13号、15号といったウエイトを少し多めに用意しておくとよいでしょう。また、船宿によっては船中でひとつテンヤを購入できる宿もあります。重いひとつテンヤがなかったら、釣り船で購入するのもよいかもしれません。

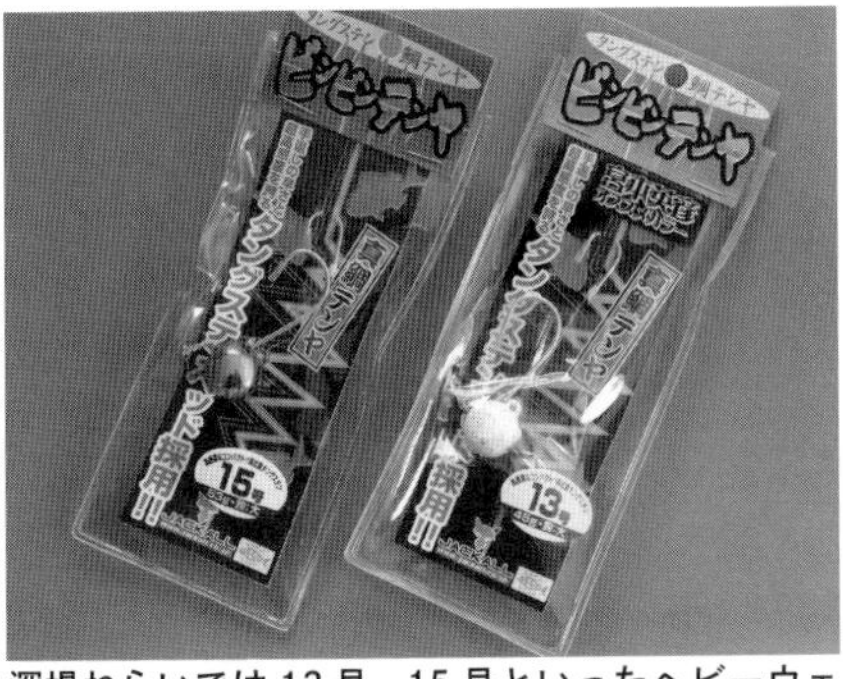
深場ねらいでは13号、15号といったヘビーウェイトなテンヤが必要不可欠。100mとなると15号でも底立ち確認は難しい

二枚潮はひとつテンヤのウェイトを重くする

二枚潮というものがあります。これは、上層と下層の潮の流れるスピードが異なる現象をいいます。上層は比較的ゆっくりにもかかわらず、下層のスピードは速く流れるといった変化が出るのです。また、二枚潮は潮の動きのスピードだけでなくニゴリ方に差があったり、海水温に違いがある場合もあります。二枚潮になると、底立ちが取りにくくなります。ひとつテンヤをフォールさせた時、海流の向きや速さが一定ならばスムーズに落下しますが、途中からそれが変わるために底が取りにくくなるわけです。海面付近はそんなに潮が動いていないのに底立ちが取りにくい……、と感じた時は二枚潮になっている可能性があります。この対処法としてはひとつテンヤのウェイトを重くすることです。二枚潮は底立ちが取りにくくなるだけではありません。上層と下層の海水温や水質が異なっていると、マダイの食い気がガクンと低下します。

二枚潮にあたると、かなりシビアな1日になってしまいます。しかし、自然を相手にしているわけですから、いつも爆釣とはかぎりません。釣れなかった時、その原因を知っておくことも、ステップアップの一歩だと私は思っています。

フォール中のアタリは入水点を凝視せよ

ひとつテンヤを跳ね上げて沈める縦の動き＝リフト&フォールが誘い方の基本です。リフトでマダイに気づかせ、フォールで寄せ、そして着底したところでパクリと食わせる、というのがこのアクションの理想的な食わせ方。しかし、フォールの最中に食ってくることも少なくありません。マダイがイワシを意識していたり、底を切って少し浮いた場所に溜まっているような時は、フォール中のアタリが多くなりがちです。

フォールは一度振り上げたロッドを元のポジションに戻し、ひとつテンヤをフリーでフォールさせます。この時、ラインはフケた状態になっていて、ここでアタリが出ても手感度はもちろん、ロッドの穂先に変化の出る目感度でも取りにくくなります。では、フォールでラインが弛んでいる時のアタリはどこで取るのか？　それは、ラインに出るわずかな変化です。スーッと水中に沈んでいくラインが急に不自然な動きで吸い込まれたり、逆にフォールしてラインが海中に吸い込まれていくはずなのに、それがピタっと止まった時がラインに出るフォール中のアタリなのです。フォールさせてラインがフケている時、視線は「ラインの入水点を注視する」ようにします。ここに変化が出やすいのです。ちなみに、ラインにカラーが付いていると視認性がぐんとよくなります。

　フォールさせている時のロッドポジションも重要です。少し下に構え、ティップをなるべく海面に近づけます。ティップを高く上げているとラインが風にあおられやすくなり、アタリの判断がしにくくなるからです。

　ライン変化でアタリを取るというのは、難しいテクニックです。実際のところ、私もライン変化のアタリを百発百中の確率で拾っていくことはできません。ですので、少しでも変だなと感じたら素早くラインのフケをリーリングで巻き取り、ロッドを振り上げて聞きアワセしてみるようにします。ここで、コツンといった手感度が出れば、一気に強く合わせます。

　ライン変化が分かりにくい、という人には違ったフォールの仕方もあります。リフトで、ひとつテンヤを跳ね上げる。ここまでは同じですが、フォールさせる時に完全にラインテンションを抜いてフケさせた状態で落とすのではなく、ロッドとフォールしていくひとつテンヤを同調させます。ひとつテンヤが沈んでいくのとほぼ同じ

フォール中のアタリは
ラインの変化で取る

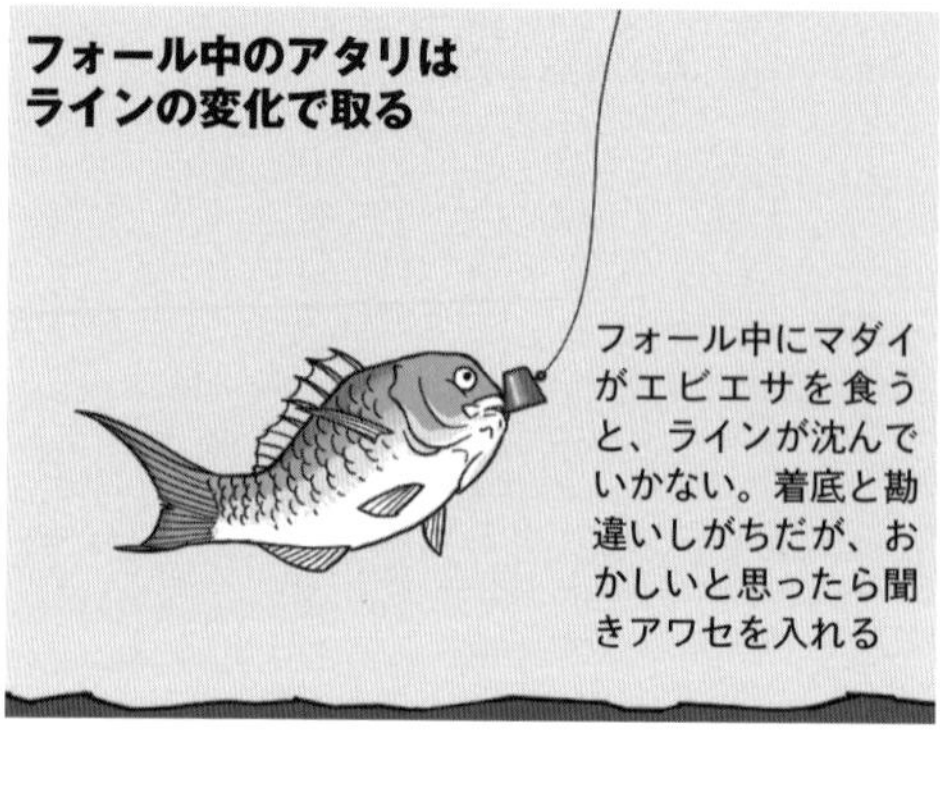

フォール中にマダイがエビエサを食うと、ラインが沈んでいかない。着底と勘違いしがちだが、おかしいと思ったら聞きアワセを入れる

スピードでティップを下げていきます。こうして、ラインは緩みすぎず張りすぎずの状態になり、目感度でも手感度でも取りやすくなります。ただし、フリーに落としていくのではなく、ラインに多少のテンションがかかっている状態なのでフォールスピードも少し遅くなり、その姿勢もナチュラルな落ち方ではないので、マダイへのアピールも多少落ちる懸念はあります。

フォール中のアタリは、リフト&フォールで誘っている時だけでなく、投入した際のフォールにも出ることがあります。底を取ることだけに意識を集中するのではなく、ラインに出る小さな変化も見逃さないようにフォールさせていくことが大切です。フォール中でもしっかりとアタリを拾い、そしてヒットさせることができるようになれば、上級者の仲間入りです。

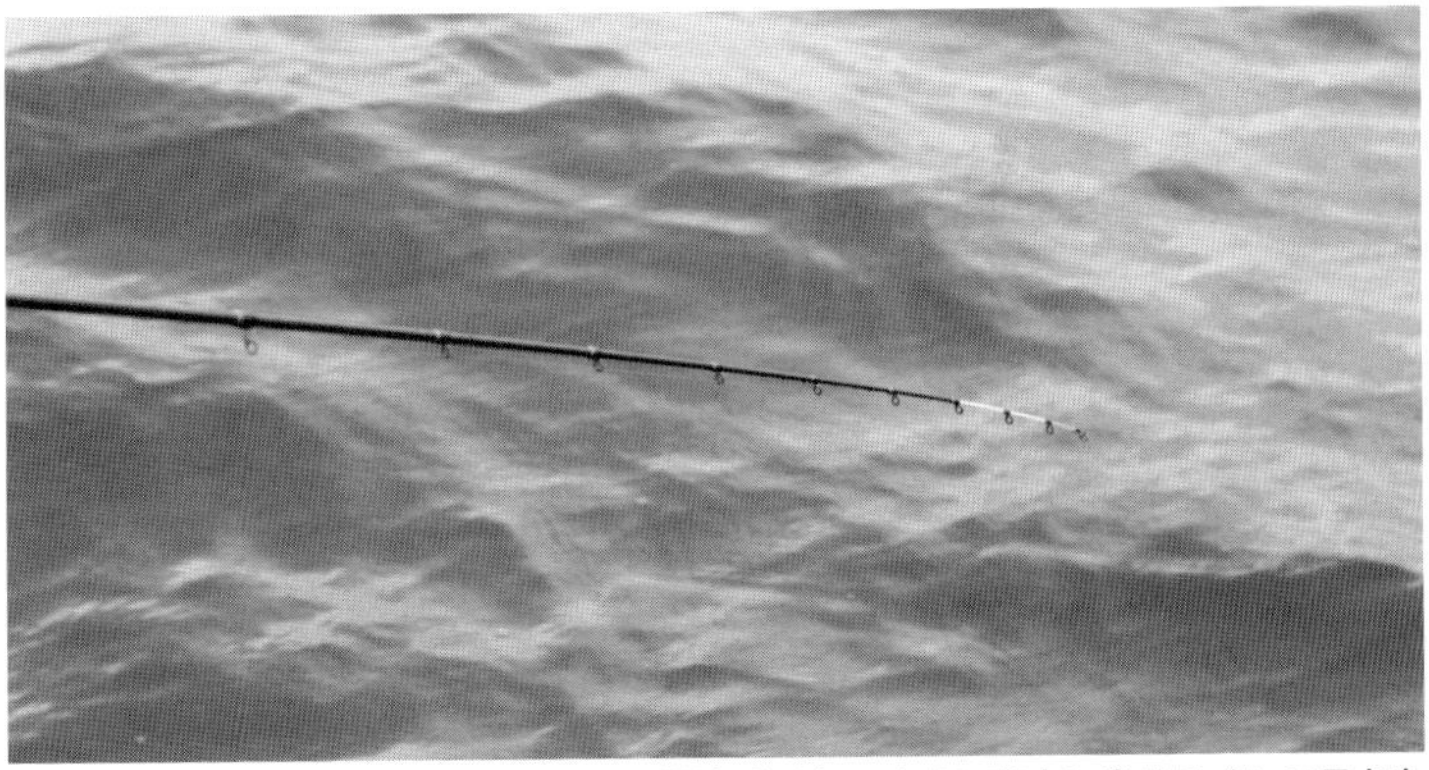

なるべくティップは下に下げる。風の影響を受けないように空中に出るラインの長さを短くする

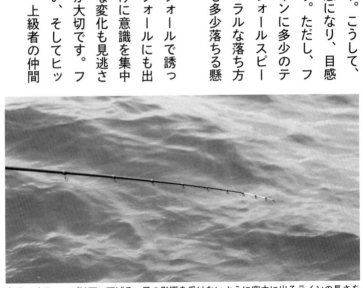

基本のリフト&フォール以外の誘い方もマスターしておく

リフト&フォールが誘い方の基本です。これは、確実にマスターしておかなくてはいけません。さらに、この基本以外の誘い方にキャスティングがあります。手順としてはアンダーハンドキャストで、船から少し離れた場所へひとつテンヤを投げ入れます。この時、決して振りかぶって投げるオーバーハンドキャストはしないでください。近くの釣り人にフックを引っ掛けるなどして危険です。キャストする時は、必ずアンダーハンドで投げるようにしてください。また、キャストする際の注意点として、周囲で釣りをしている人のラインの出方にも気を付けてほしいです。どの方向にラインが伸びているかをチェックし、それに被らないように投げる方向・場所を決めます。

キャストして着水したら軽めのサミングでフリーフォール気味に沈ませます。着底は、ラインの変化で確認します。放出しているラインがそれ以上が海中に吸い込まれなくなったら着底のサイン。イトフケを取って、誘いの開始です。海底の抵抗を感じながら、ゆっくりとしたリーリングで底をズルズルと引いてきます。常にラインが張っている状態なので、手感度でもアタリが取りやすくなります。また、単調なズル引きだけでなく応用を加えてもいいですね。たとえば、ロッドを小刻みに震わせる、いわゆるシェイキングで引いてみます。ひとつテンヤとエビエサに震えるような動きを加えて海底をはうように引くことができます。

ほかにはロッドを少し上にあおったらリーリング。海中のひとつテンヤが少し底を切って飛び跳ねながら動きます。ルアーフィッシングの用語でいえば、ボトムバンピングとい

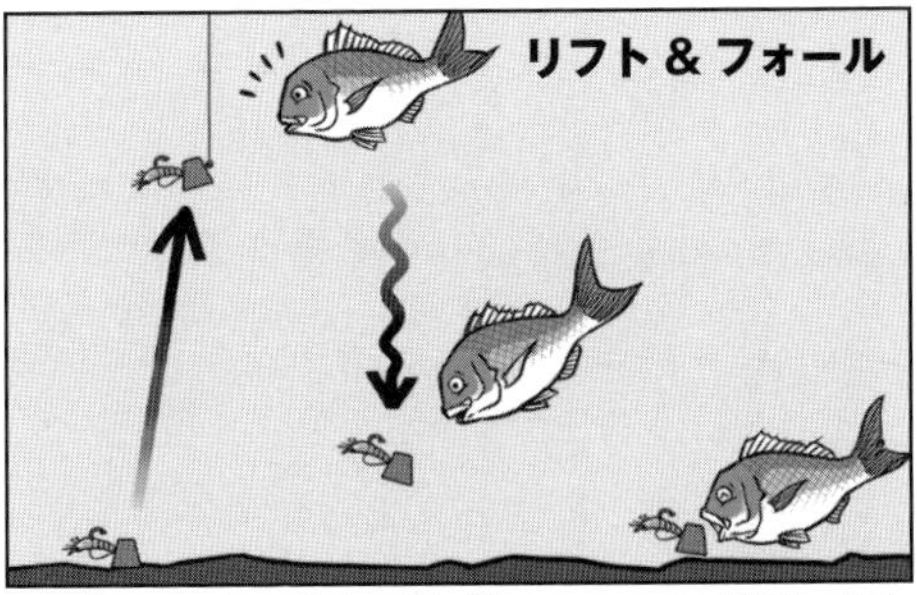

リフトでテンヤの存在に気づき、フォールで寄る。そして着底したタイミングでパクリとバイトするイメージ

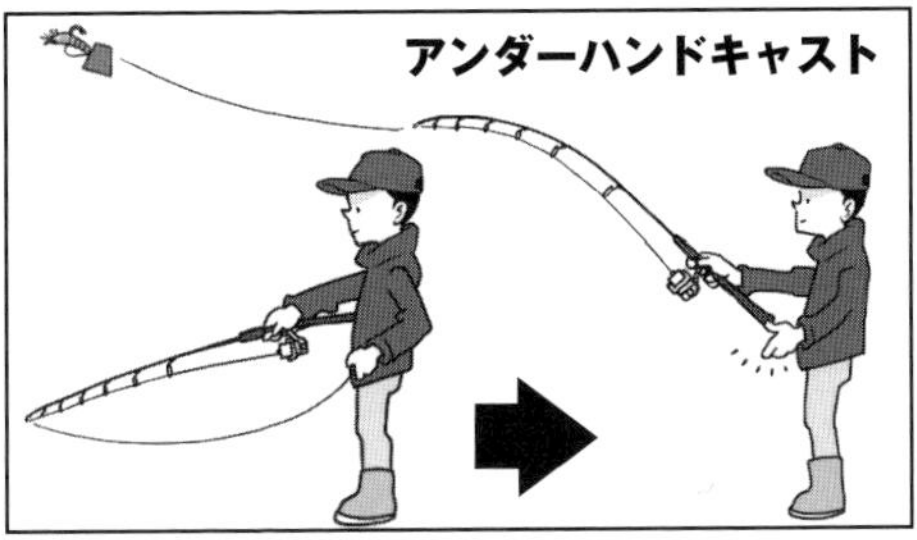

片手でテンヤを持ち、ロッドを振り上げると同時にテンヤを離してキャスト。ロッドの反発力をうまく利用するのが遠くに飛ばすコツ

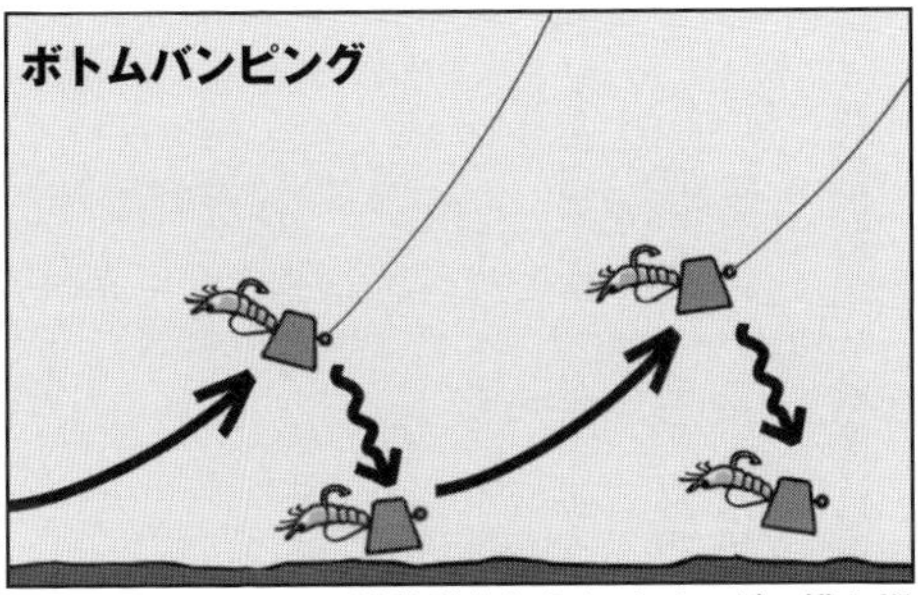

リフト＆フォールに横移動を加えたイメージ。横と縦のミックスした動きでマダイを誘うことができる

った誘い方です。こちらも、アタリは比較的手感度に出やすく釣りやすい方法といえましょう。

キャスティングで誘う時は、あまり深い場所だと周りの人とのオマツリが心配になります。せいぜい水深30ｍまでが、キャストで探る水深と思ってください。また、号数も少し重めをセレクトしたほうが底立ちを取りやすく、ズル引きした時に海底とコンタクトしている感触もつかみやすくなります。そして、もうひとつ。キャストで注意したいのが、根掛かり。海底をズルズルと引いてくるので、根掛かりは多くなりがちです。根があるような場所、漁礁周りを釣る場合は、控えたほうがよいでしょう。ひとつテンヤが何個あっても足りなくなってしまいますよ。

ズル引き以外の誘い方もお教えしましょう。船長によっては「底から上、●ｍくらいのところに反応出てますよ！」といったアナウンスをしてくれる場合があります。手元に自分の魚探を用意していない時は、非常に有益な情報でありがたいです。このように底から上に反応がある場合、その水深までひとつテンヤを引き上げて、宙釣りになった状態で誘いをかけてみたくなります。しかし、私の経験ではありますが、宙釣りの状態で誘ってみても、これまでに1尾たりともマダイが釣れたことはありません。なぜなのか理由は不明ですが、釣れたためしがないのです。しかし、ここからフォールさせると、ヒットすることがあります。

反応のある水深までひとつテンヤを巻き上げるのですが、ここでリールの「最大巻上長」というものを覚えておくとよいでしょう。これは、リールハンドルを1回転させた時、どれくらいの長さのラインを巻き取るか、というものです。たとえば＃３０００クラスのノーマルギアのリールの場合、80㎝弱で78㎝程度の巻き量があります。ハイギヤモデルではだいたい90㎝弱。自分の使っているリールの最大糸巻量を覚えておくことが肝心になります。これを知っておくと、底から何㎝引き上げたのか、おおよそ分かるようになるのです。５ｍ付近まで引き上げたいのならハイギヤのリールでは約5回転半、ノーマルギアならば6回転ちょい巻けば、ねらった層にきっちりとひとつテンヤを引っ張り上げることができるわけです。そして、そこからフォールさせればよいのです。

誘いの基本はリフト&フォール。まずはこれでチェックしてみて、反応がないようならばキャストして広範囲を探ってみる。また、船長が反応のある水深を教えてくれるのなら、リーリングの回数を頼りにその水深まで引き上げて、そこからフォールさせる。誘いの引き出しをいくつも持つことで、それまで食わせられなかったマダイの口を使わせることができるのです。

「遊動式ひとつテンヤ」の使い方の基本

ひとつテンヤにはプリン型をしたテンヤと、丸っぽい形状をしたカブラがある、と前述しました。さらに、そのふたつとは基本構造や使い方が異なるもうひとつのテンヤがあります。それが「遊動式ひとつテンヤ」です。

一般的なひとつテンヤはフックとシンカーのヘッドが一体になった構造をしています。しかし、遊動式はシンカーとフックが分離しているのです。シンカーは中通し式のオモリのように、その中心にラインを通して自由に動きます。それゆえに遊動式なのです。バスフィッシングをしたことがある人ならば、固定式のテンヤやカブラはジグヘッド、遊動式テンヤはテキサスリグ、といえば理解していただけるのではないでしょうか。

私は、遊動式のひとつテンヤはあまり使いません。慣れ親しんだカブラばかりを使ってしまうのです。もちろん、遊動式が釣れないという理由ではありません。固定式のひとつテンヤよりも、遊動式のほうが状況によっては有効ということも分かっているのですが、頑固な性格なのか、カブラに固執してしまうのです。そんな私ですが、遊動式の基本的な釣り方や使い方は承知しておりますので、ベーシックな部分だけ解説させていただきます。

遊動式では、シンカーとフックが分離していて、シンカーに刺したエビエサが漂うようなナチュラルな動きで誘えるのが、最大の特徴であり長所でもあります。少し食いが渋っていたり警戒心を持っているような状況では、このナチュラルな動きは非常に効果的です。最初に固定式を使ってみて、それに反応がない時に、フォローとして遊動式テンヤを使うのがよいかもしれません。実際に、固定式ではヒットの数が伸びないのに、遊動式だとよく釣れる、という状況を私自身、何度も目の当たりにしています。

他にも遊動式のメリットはあります。それはバラしにくいことです。シンカーの重さに干渉されず、フックがフレキシブルに動いてくれるので、バラすリスクが小さくなるのです。バラシを連発させているような状況で、遊動式にチェンジするのも作戦のひとつといえましょう。

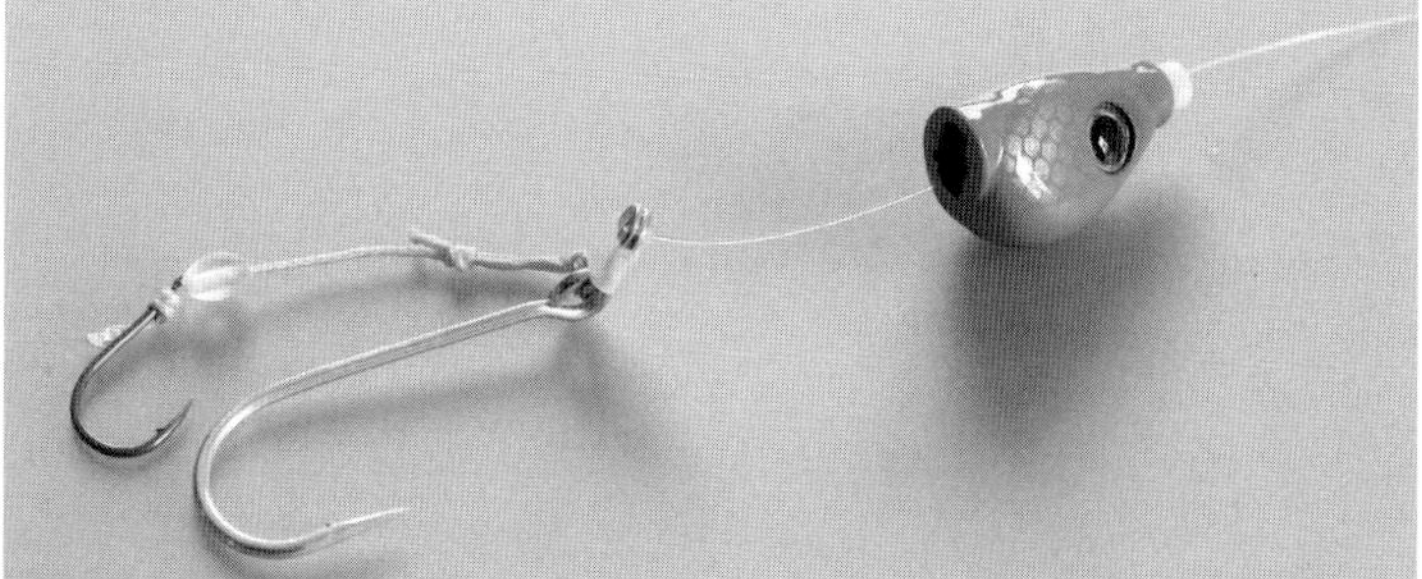
遊動式テンヤのジャッカル『ビンビンテキサステンヤ』。シンカーが中通し式オモリになっていて、自由に移動する。エビエサ（フック）とシンカーが離れるのが特徴

深い場所や潮の流れがきつい場合は、固定式でも遊動式でも号数を重くしないと、なかなか底立ちは取れません。固定式では、ウェイトを重くすることで、シャープな切れのよい動きで誘いにくくなり、また、アタリも少し感じにくくなります。ところが、シンカーとエビエサが分離している遊動式の場合、シンカーのウェイトを重くしてもエビエサの動きは同じなのです。たとえば4号でも15号でも、エビエサはシンカーのウェイトに干渉されないので、同じナチュラルな動きをしてくれるわけです。

シンカーのウェイトセレクトは、固定式のひとつテンヤと同じでよいでしょう。「10m×2号」を基準に、状況によってそれを少し前後させた号数を選びます。ハリは固定式と同様に、少し大きめの親バリと孫バリの2本組になっています。エビエサの付け方も固定式と同じです。親バリを尻の側からエビがまっすぐになるように刺します。孫バリも、同様に背中の甲羅部分に刺します。これでエビエサ

フォールさせると先にシンカーの部分が沈下して着底する。それに続いてエビエサがゆっくりと落ちてくる。この動きが遊動式テンヤの武器

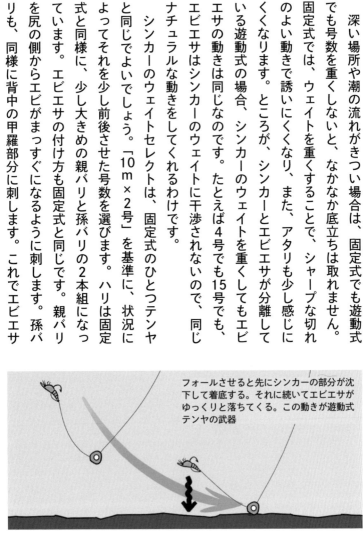

のセットは完了。

次に投入です。サミングを利かせてフォールさせ、着底させます。この時、遊動式と固定式では、エサの状態が全く異なります。固定式ではシンカーとエビエサが一緒になって着底します。しかし、遊動式では先にシンカーが着底、それに追従するようにエビエサがゆっくりと落ちていきます。この時のエビエサのゆっくりとしたフォールやナチュラルな動きが、遊動式の最大の武器になるのです。

着底しても最初はシンカーだけです。エビエサがゆっくりと落ちてきて、それが着底してなじむまで、少し時間をおきます。この時に、食ってくることが多いので集中してそれを待ちます。ただし、固定式と違い、シンカーとエビエサが離れているために、アタリが少々取りにくくなります。目感度でティップの変化やラインの不自然な動きを感じたら、聞きアワセしてみて、それがバイトならばガツンとフッキングさせます。

最初のフォールでしばらく間をおいても反応がなければ、固定式と同様にリフト&フォールで誘いをかけ

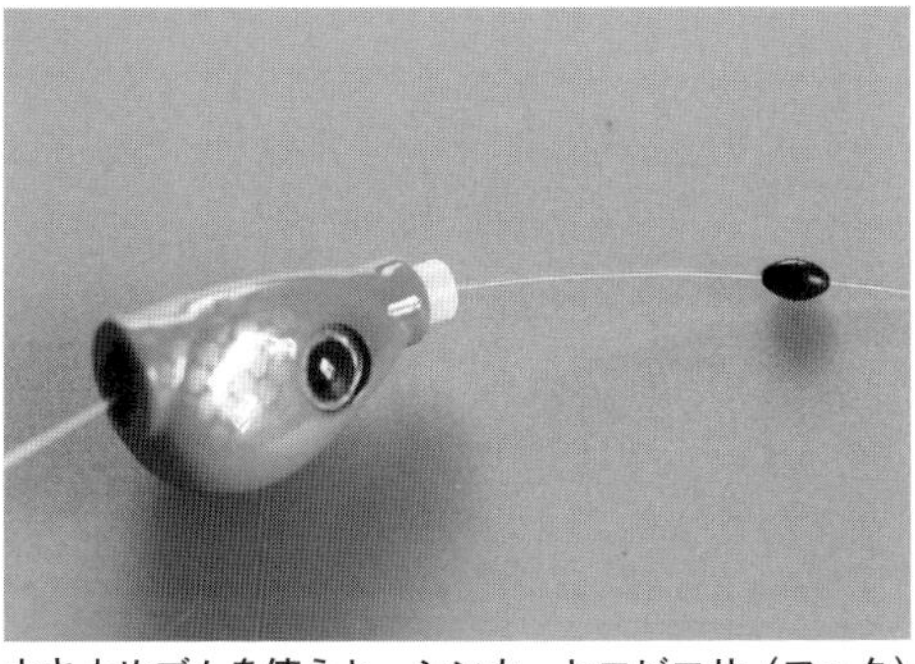

ウキ止めゴムを使うと、シンカーとエビエサ（フック）の距離をコントロールできる

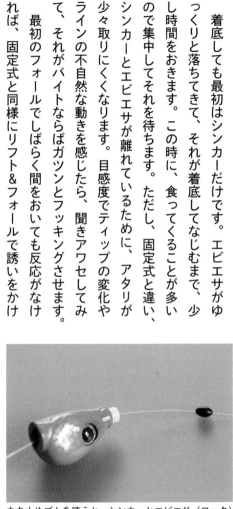

ます。この際のフォールでもシンカーとエビエサが離れて落下しますので、着底したらしばらく間をおいて、アタリを待ちます。

シンカーとエビエサの距離が離れているほど、よりナチュラルな動きで、長い距離をゆっくりとフォールさせられるのですが、その分アタリが分かりにくくなってきます。ジャッカルの『ビンビンテキサステンヤ』の場合、シンカー止めのゴムが付いています。これを利用することで、シンカーとエビエサの距離を調整することができます。アタリを取るのにちょっと自信がない、というのなら、シンカーとエビエサの距離を短めにセッティングします。短めのほうが、アタリは取りやすくなるからです。

カブラばかり使っている私がいうのもなんですが、固定式のひとつテンヤと遊動式のテンヤ、それぞれをうまくローテーションすれば、釣り方の幅が広がって楽しみもふくらむでしょうし、釣果アップの有力なあと押しになってくれると思います。

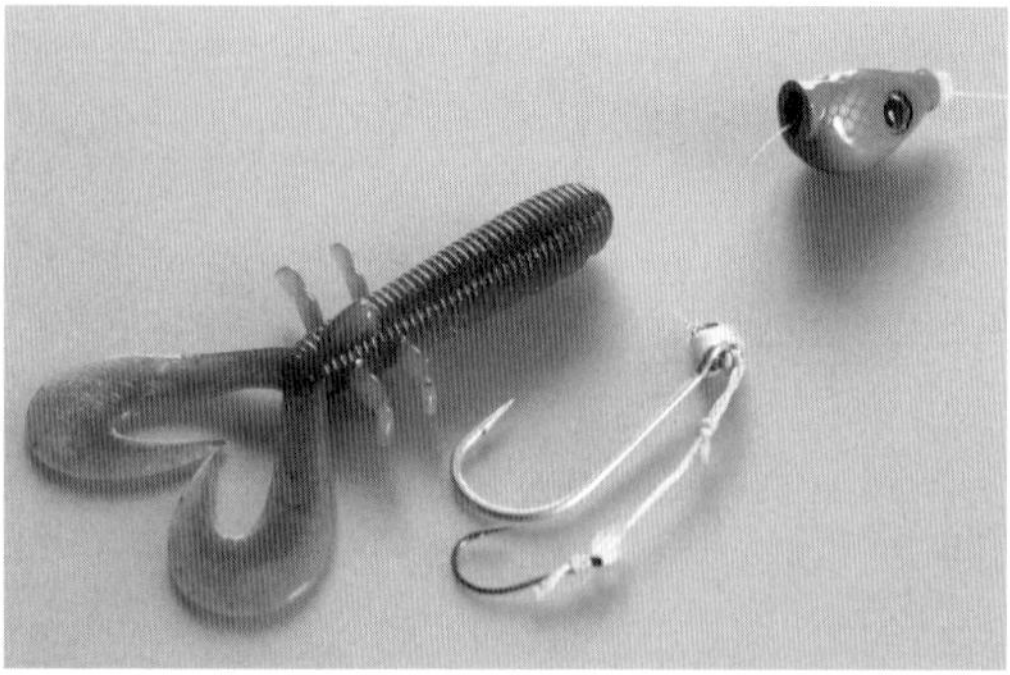

遊動式テンヤと比較的相性のよいワーム。これだけ見れば、バスフィッシングで使うキャロライナリグのようだ

Ⅳ

タイラバを使った二刀流でマダイ釣りを楽しんでみる

ひとつテンヤとタイラバの二刀流で釣果アップをあと押し！

　ひとつテンヤの人気に追従するように出てきた釣り方がタイラバです。ひとつテンヤとタイラバは親戚みたいな関係です。異なる部分もありますが、似ている部分もあります。決定的に違うのが、ひとつテンヤはエビエサを使うのに対してタイラバはエサを使いません。ルアーフィッシングのような感じです。似ているところは、非常にシンプルな仕掛けでマダイが釣れるところです。

　タイラバという釣りが周知されるようになった頃は、ひとつテンヤの船でタイラバを使おうとすると、あまりいい顔をしない船長が少なくありませんでした。タイラバを禁止にしていた船もあったくらいです。ひとつテンヤは海底付近を攻めていくのが基本ですが、タイラバは巻いて誘うのが基本になります。それゆえ、ひとつテンヤとタイラバが混在するとオマツリが多くなりがちで、渋い顔をする船長もいたのです。

　しかし今は、ひとつテンヤの釣り船でタイラバを使っても、いやな顔をする船長はほとんどいません。それぞれの釣り客がそのことを理解し、オマツリに気を付けながら釣りをするようになったからです。ただし、ひとつテンヤ船でタイラバを使いたい時は、ひと言船長に断りを入れてから使ったほうがよいでしょう。

そんな状況の中、最近ではひとつテンヤとタイラバを使う二刀流の釣り人を多く見かけるようになりました。実際には本物のエサを付けて誘うひとつテンヤのほうが釣果を上げやすいのですが、状況次第ではひとつテンヤでは釣れないけどタイラバでは釣れる、ということもあります。ひとつテンヤとタイラバをうまくローテーションさせれば、さらなる釣果アップにもつながります。

吉岡　進 よしおか・すすむ
マダイゲームでは、ひとつテンヤはもちろんのことタイラバ、マダイメタル、インチクなどに精通。これまでに培ってきた経験やスキルをベースに、タイラバや遊動式テンヤとロッドなどの開発にも携わっている。マダイの他にもタチウオ、アジングなどソルトゲームの守備範囲は広い。ジャッカル・プロスタッフ　シーガー・フィールドテスター

さて、タイラバの実力やメリットは理解しているのですが、私自身、その釣りについて細かく解説できるほどの経験はありません。とはいえ、ひとつテンヤのマダイ釣りを語るうえで、タイラバの解説もしなくてはちょっと消化不良になってしまうのは否めません。

そこで、私の後輩、というよりも釣り仲間のひとりである吉岡進君に助け舟を出していただきました。吉岡君からタイラバの釣り方、使い方を監修してもらって筆を進めることにします。

ベイトとスピニングを使い分けるタイラバタックル

タイラバ用のタックルは数々のメーカーからリリースされ、多種多様にラインナップされています。ひとつテンヤではあまり使わないベイトキャスティングのタックルもたくさんラインナップされているのが、タイラバ用タックルの特徴のひとつといえます。タイラバではスピニングタックルも使うし、ベイトタックルも使い、まさにルアー（バス）フィッシングのようです。

ひとつテンヤ用のロッドをタイラバで使えなくもありません。しかし、ほとんどのひとつテンヤロッドの適合ウェイトは、15号（約56g）がマックスになっています。タイラバのウェイトラインナップは45～150gと幅が広く、かなり重いモデルも使用します。15号のウェイトをオーバーするタイラバを使うと、ロッド破損の原因になりかねません。ですので、ひとつテンヤロッドでタイラバを使うことも可能ですが、ウェイトをしっかりとチェックしなくてはいけません。

逆にタイラバ用のロッドですと、マックス150gといった適合ウェイトでかなりヘビーなアクションになっています。ですので、軽量なひとつテンヤを使用することも可能です。ひとつテンヤとタイラバの二刀流で釣りをするならばタイラバ用ロッドを使う。より繊細に釣りを楽しみたいのなら、やはりそれぞれの専用ロッドを2セット用意したいものです。

セットするリールにも触れておきましょう。スピニングタックルは、リールはひとつテンヤと同じ♯2500か♯3000クラスのサイズを使うようにします。ラインも0・8〜1号のPEです。スピニングリールのギヤ比は、ひとつテンヤだとピックアップ時の速さを考えてハイギヤをおすすめしました。しかし、タイラバでは重いタイプも使うことが多くなるので、パワーとトルクを重視したノーマルギヤのほうがスムーズに巻くことができます。ハイギヤでも悪くはありませんが、ノーマルギヤのほうがストレスなく使えると思います。

ベイトタックルにセットするリールは、♯200クラスがベストサイズといえます。ベイトタックルのよいところは、リールの巻き上げスピードが速くてトルクもあるので、ストレスのかからないリーリングができること。また、サミングも容易で微妙なタッチでフォールさせることができます。ベイトタックルはひとつテンヤで使うことも可能です。私はほとんどベイトを使いませんが、吉岡君は遊動式テンヤを使う時などはベイトを多用しています。ベイトロッドでも目感度はしっかり取れますし、ひとつテンヤとタイラバが使える汎用性を持っています。

　タイラバで釣りをする時のベイトとスピニングタックルは、釣り方で使い分けるのが基本です。あとから、タイラバの釣り方については詳しく説明しますが、キャストして広範囲をチェックする場合はスピニングタックルが向いています。バーチカルにフォールさせて巻いてくる釣りには、ベイトキャスティングが使いやすいといえます。タイラバをメインにガッツリとマダイをねらってみたいのならば、ベイトとスピニングの2セット用意しておいたほうがよいでしょう。

タイラバの項を監修した吉岡君。彼はひとつテンヤだけでなくタイラバ、インチク、メタルジグと守備範囲が広く、頼もしい釣り仲間のひとり

選択肢がたくさんあるのでゲーム性が高い！

ひとつテンヤのセレクトでは、号数選びが非常に重要といえます。水深や潮流の強弱などでひとつテンヤの重さを決めます。そして、もうひとつがシンカー部分のカラーです。こちらは号数ほど神経質にならなくてもよいのですが、よく反応するカラーが存在するわけですから、まったく無視するわけにはいきません。ひとつテンヤのセレクトでは、号数とカラーのふたつに気を配ればよいのですが、タイラバではもっと選択肢が多くなります。選択肢が増えると確かに迷ったりもするのですが、逆にそれがゲーム性を高めてくれることになり、これもタイラバの魅力のひとつです。

ここで、タイラバの構造を把握しておきましょう。まずはシンカー。中通し式のシンカーで遊動式になっています。フックと固定されているタイプもあるのですが、最近では遊動式が主流になっています。遊動式が主流なのは食ってきた際の食い込みがよいこと、そして、バラしにくいのがその理由です。シンカーに通したライン（リーダー）の先にハリス＆フックをセットします。さらにそのハリス＆フックにスカートとネクタイがセットさせています。シンカー、ハリス＆フック、そしてラバー＆ネクタイ。この3つの組み合わせが基本構造になります。

シンカーとハリス&フックはひとつテンヤにもありますが、ないのが「ラバー&スカート」。これが、タイラバの核心といってもよいパーツなのです。スカートの本数やカラー、ネクタイの形状やカラーなど、多彩に組み合わせることができ、その組み合わせ次第でマダイの反応が異なってきます。スカートならば本数を多くしてボリュームを持たせたほうがよいのか、逆に少なくしてアピールを抑えたほうがよいのか……。ネクタイならばカーリーテールか、それともストレート系か!? といったぐあいに、選択肢が無数にあるわけです。実釣では、何種類かのスカートとネクタイを用意しておきましょう。ちなみにカラーは赤とオレンジが安定した実績のある色で、それに加えてグリーン系やグロー系を用意すればよいでしょう。スカートやネクタイは最初からたくさんの種類、カラーをそろえても迷いが生じるだけなので、ほどほどの種類にしておきます。

号数の選択は「底が取れることが基本中の基本」。ひとつテンヤでは「水深10m×2号」が基本でしたが、エビエサを付けないタイラバでは、それよりも少し重いウェイトをセレクトします。30~40mならば45g、50mならば60~80gといったところを目安に、あとは潮が速ければそれよりも重くする調整をしてください。瀬戸内海など潮流の速いポイントでは、30mの水深で80gを使っても底立ちが取れないこともあるくらいです。

フックに関しては2本がベースになります。しかし、状況によっては、この本数を変えることもあります。掛かりを重視した釣りを展開したいのなら、3本フックがおすすめです。3本といっても、ハリスが3本あるのではなく、1本のハリスにはフックがひとつ、もうひとつのハリスにフックが2本付いたタイプです。3本ではなくフック1本で勝負する場合もあります。それは大ダイがヒットしそうな気配がある時です。ただし、この時は太軸フックを選びます。

タイラバは基本的にシンカー、ハリス&フック、スカート&ネクタイの3つのパーツから構成されていますが、

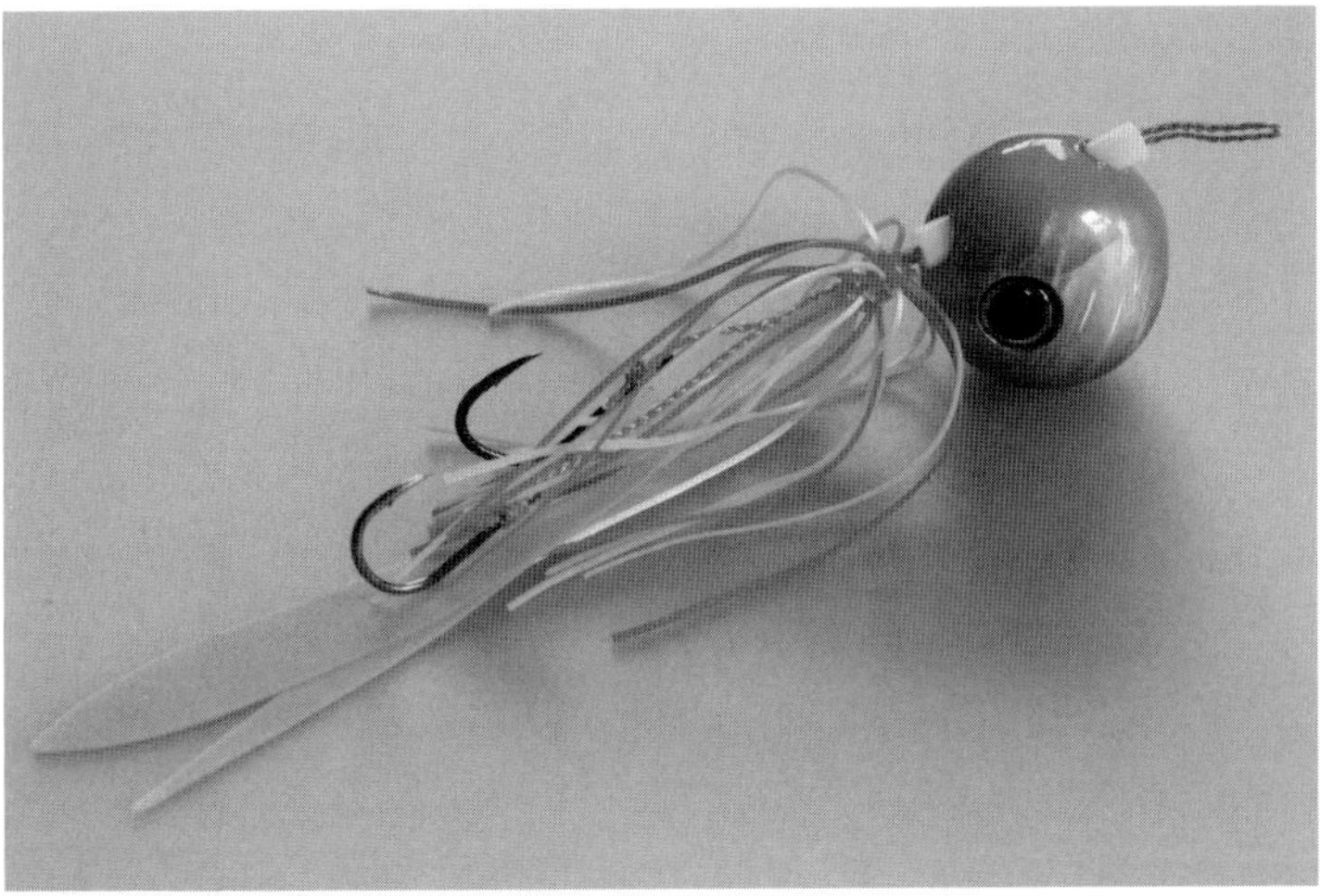

シンカー、フック&ハリス、そしてスカート&ネクタイがひとつになる三位一体型の仕掛けがタイラバ。シンカーの形状もいろいろある

状況によってはもうひとつパーツを加えることもあります。それがトレーラーです。これは、小さくて少々特殊な形状をしたワームです。フックにトレーラーをセットすることで、さらにアピールを強くしてマダイの食い気を誘います。また、フックが暴れるのを抑えられるため、食い込みがさらによくなるメリットも生まれます。

トレーラーのほかに、エビエサを付ける人もいます。「タイラバにエサ?」と思う人もいるかもしれませんが、この釣りに特別なレギュレーションはありません。各々の釣り人が自由に楽しく釣りができれば、それはそれでよいと思っています。

以上がタイラバの基本的な特徴です。これをしっかりと把握して使わないと、タイラバのポテンシャルを引き出すことはできません。二刀流でやってみる、といっても二兎を追うものは一兎をも得ず、になりかねませんので注意してください。

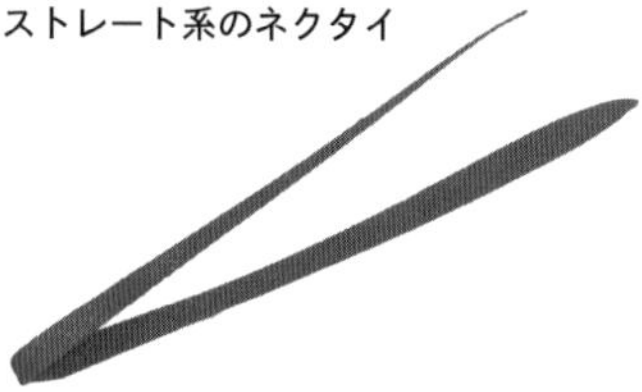

オーソドックスなシルエットのストレート系のネクタイ

水流を受けヒラヒラ動くカーリーテールのネクタイ

スカートはフックにセットしたら両端をカットするとスカート状になる

巻きが基本でアタリがあっても決して合わせない

ひとつテンヤは、アタリを拾ってアグレッシブに合わせてヒットにつなげます。しかし、タイラバでは「アタリをキャッチしても合わせません」。そのままグイグイと巻き続けるのです。タイラバの場合、アタリがあって、そこで強く合わせてしまうとフックがすっぽ抜けてフッキングしにくくなるのです。「合わせてはだめ」と口でいうのは簡単ですが、長くひとつテンヤをやっていると、アタリがあれば反射的に合わせるクセが付いていて、合わせない作業は意外と難しいものです。タイラバを使う時は「合わせない！」ということを自身の頭に叩き込んで釣りをするようにしましょう。

釣り方は、船の直下をねらうバーチカルと、少し投げて広範囲をチェックするキャスティングで釣っていきます。ともに着水したら、軽くサミングを利かせてフォールさせます。着底したら、間髪を入れずに巻き上げます。遊動式のひとつテンヤの場合、着底してもあとから追従してくるエビエサがなじむまで、しばらくポーズを入れてアタリを待つのですが、タイラバはこれをすると、なかなかヒットにつながりません。

タイラバもシンカーとスカート&ネクタイがセットされたフックの動きは、ひとつテンヤの遊動式と同じです。シンカーから着底し、そこに遅れてフックがゆっくりとフォールしてきます。この時、ネクタイやスカートをマダイにじっくりと見せてしまうと、見切ってしまって口を使ってくれないのです。シンカーが着底したらすぐにリーリングを開始する「タッチ&ゴーがタイラバの基本」です。

タッチ&ゴーの時、フックはV字軌道でクイックにシンカーに追従していきます。フォールしてくるタイラバに興味を持って寄ってきて、シンカーが着底してからフックのクイックな動きによってマダイが反射的に食ってくるイメージです。見切られるタイミングを与えないことが大切になるのです。

着底してからリーリングをスタートさせるわけですが、方法はそのまま巻くだけでOK。特にロッドを大きくあおったり、シェイクしたりと特殊なアクションは加えません。アクションを入れると、逆に全く釣れなくなってしまいます。マダイは強い動きを嫌がるようで、イレギュラーな動きを加えると、パタンとアタリが遠のいてしまいます。ですので、リーリングで引っ張り上げてくるだけなのです。

リーリングの基本は「等速巻き」です。同じスピードで巻くのです。巻き上げてくる高さは水深にもよりますが、海底から20mもリフトさせて反応がなければ再びベイルを返す、もしくはクラッチを切って海底までフォールさせます。リーリングでリフトした距離、どれくらいの高さまで引っ張ってきたかは、リーリングの回数でおおよその目安をつけるとよいでしょう。スピニングリールのハイスピードギヤならば1回転で90㎝ほど。ノーマルギヤならば80㎝弱。それをベースに何回転巻けば、20mほどの高さまでリフトしてきたかおおよその見当がつくのです。

基本は等速巻きですが、それで反応が乏しい時はリーリングスピードに変化をつけると効果的。巻くスピードに緩急をつけてマダイを翻弄《ほんろう》してください。根周りを釣る場合は、リーリングスピードに変化をつけると効果的です。底から3～4回転は高速巻き、そのあと3～4回転はゆっくり巻きが高実績を残しています。ぜひ試

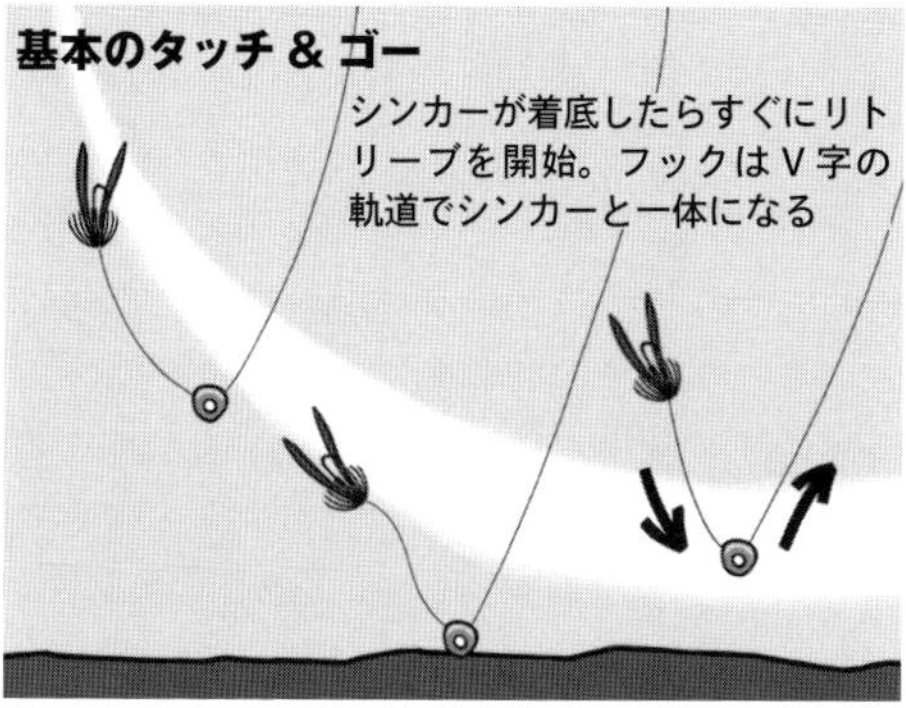
基本のタッチ＆ゴー
シンカーが着底したらすぐにリトリーブを開始。フックはV字の軌道でシンカーと一体になる

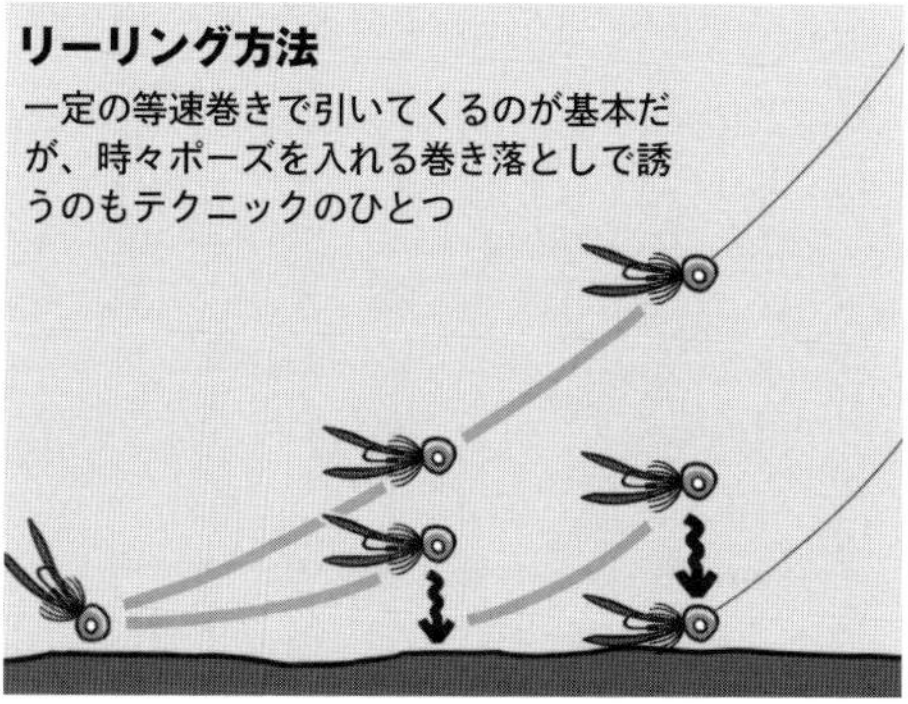
リーリング方法
一定の等速巻きで引いてくるのが基本だが、時々ポーズを入れる巻き落としで誘うのもテクニックのひとつ

してみてください。ただし根の上では根掛かりを起こしやすく、特に複雑な状態の根ならば、あえて着底させずに底ギリギリのところからリフトさせてもよいでしょう。

　船の真下へバーチカルにフォールさせた時は、底から何mまでリフトさせて再びフォールという縦の動きだけの誘いになります。キャストでは横の動きでも誘えるようになります。着底したらすぐにリーリングを開始。するとタイラバが底を切って浮いてきます。そのままズーッとリーリングしてきてもよいですし、ある程度巻いたところでリーリングを停止し、再びフォールさせて着底。そしてすぐにリーリング。リーリングで浮かせては落とす「落としなおし」で誘う方法もあります。キャスティングでは、このように横を広く探ることができるのです。

　ひとつテンヤで釣りをしていて、アタリが全くないような状況では、タイラバにスイッチします。そのほか、イワシなどのベイトフィッシュがいる時もねらいめです。ベイトフィッシュの群れが青ものに襲われ、その下でマダイが青ものたちの食い散らかしたベイトをねらっていることが考えられます。このような「底から少し浮いてステイしているマダイたち」に対しては、タイラバが有効になります。私は、ほとんどタイラバを使いません。しかし、状況に応じて二刀流で使えば釣果もアップするでしょうし、何よりもマダイ釣りの楽しさが広がると思います。

V

釣ったマダイはおいしく食べる

よりおいしく食べるための船上でのひと工夫

釣りあげた釣魚は、持ち帰っておいしくいただきましょう。これは、マダイにかぎったことではなく、食べてあげることがその魚の成仏につながる、と私が常々思っていることです。しっかりと成仏させてあげるためにも、少しでも美味な状態でマダイを食べたいものです。そのためには、料理云々の前に釣りあげてから家に持ち帰るまでのひと工夫が重要になります。

まずは釣りあげたらなるべく早めにエラブタからナイフを入れ、エラの下部分を切ります。キッチンバサミがあれば、それでエラの下をカットしてもよいですね。切ったらクーラーボックスに入れるのではなく、足元に置いてある海水の張ったバケツに入れておきます。するとエラから出血していきます。いわゆる血抜きという作業です。これをしておかないと、身に血が残った状態になり、おいしさが損なわれてしまいます。

どのくらいバケツの中に入れておけばよいのかといえば、冬の寒い時期ならば沖上がりのタイミングでクーラーへ移してもかまいません。しかし、夏場の海水温が高い時期は、エラから血が出なくなったタイミングで、なるべく早めにクーラーボックスに入れるようにしましょう。暑さで身がバサバサになって鮮度が落ちてしまいます。

クーラーボックスには氷を入れておくことを忘れずに！　ほとんどの船宿さんは、乗船前に氷を渡してくれます。もらったらすぐにクーラーボックスに放り込んでおきます。まれに下船した時に港で氷を配る船宿さんもありますので、あらかじめ家にある保冷剤を2～3個、クーラーボックスに入れておいたほうがよいかもしれません。

氷の入ったクーラーボックスにマダイを入れる際、少し海水を入れておきます。そのほうが、クーラーボックスに入れたマダイを急速に冷やすことができるからです。そして、港に戻ったら、もしくは沖上がりの時に、その水を捨てて氷だけにしておくとよいでしょう。

さて、血抜きを終えたマダイをクーラーボックスに入れる前にもうひと手間かけると、よりおいしくいただくことができます。それが神経締めです。神経締めとは、マダイの脊椎《せきつい》の中にワイヤーを通し、そこの神経をつぶしてしまう締め方です。これにより、死後硬直が遅くなって、鮮度を長時間保つことができるのです。

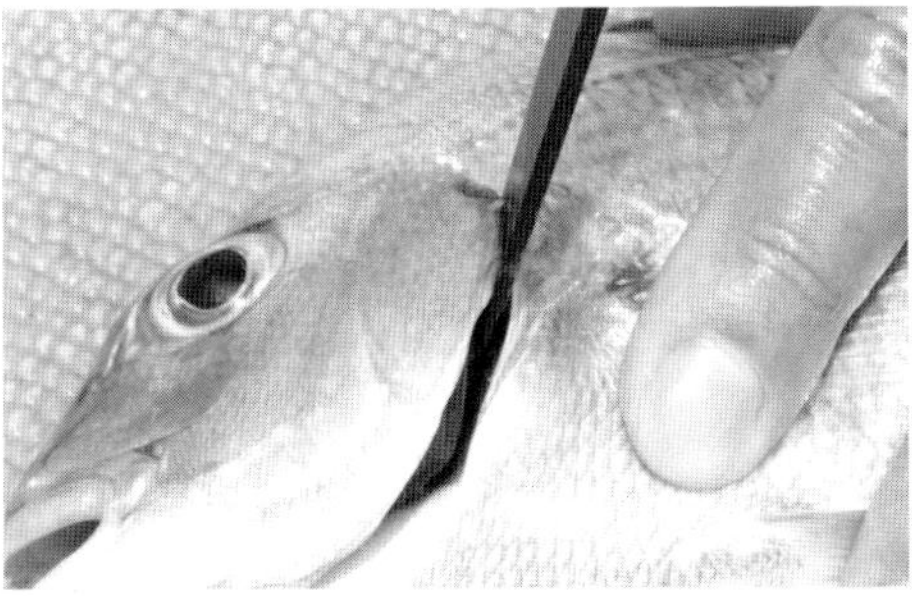

エラからナイフを入れて、エラの下部分をカット。血を流し、血抜きをする

神経締めのための専用のワイヤーは、釣具店で買うことができます。ワイヤーの太さにはいろいろありますが、マダイで使う場合は1㎜か1・2㎜径のワイヤーが適しています。ワイヤーは形状記憶合金を使ったタイプもあります。収納する時はワイヤーをクルクルと丸めることができ、使う際にピンとまっすぐの状態に戻ります。収納がコンパクトになるので、非常に便利です。

神経締めの方法は、ワイヤーをマダイの鼻の穴に刺し込みます。少しずつ移動させながらツンツンと突いていくと、マダイの目がギョロギョロと動く部分に突き当たります。ここを強く押してワイヤーを挿入していけば、脊椎の中に入っていきます。脊椎の中に入るとマダイが3〜4回大きく痙攣《けいれん》しますので、それがサインです。神経締めは血抜きをしてから行なってもよいですし、釣りあげてすぐでもよいでしょう。どちらにしても、おいしく食べるためのひと手間です。

美味を保つ、といった意味合いからは少し外れますが、船の上でウロコを落としておくと帰宅後の作業が楽になります。ウロコ落としは意外と面倒な作業です。専用器具を使っても、ウロコが跳ねて台所のあちこちに飛び散ります。船長の許可を得てこれを周囲の迷惑にならないように船上でやっておけば、自宅で捌く作業がぐんと短縮されます。船上で落としたウロコは、しっかり海水で洗い流し船内をキレイにしておいてください。

王道はやっぱり刺身。ちょっと熟成させるのがコツ

「マダイはどんな食べ方がいちばんおいしいですか?」と聞かれることがあります。マダイは煮つけ、焼き物、鯛めし、そして洋風レシピではムニエルなど、どんな料理でもおいしくいただくことができますが、やはりマダイ料理の王道は刺身ではないでしょうか?刺身でいただく場合、できれば冷蔵庫で2~3日熟成させてから食べるのがおすすめです。釣ったその日に新鮮な状態で食べても美味ですが、少し寝かせることで旨み成分であるアミノ酸が増え、身もほどよく軟らかくなってよりいっそうおいしく食べることができます。捌いてサクにしたら、隙間に空気が入らないようにしてラップにくるみ、そのまま冷蔵庫に入れて2~3日置くだけです。釣りたてと寝かした刺身を食べくらべてみると、味の違いがよく分かると思います。

マダイの捌きですが、面倒とか苦手という人は、スーパーに持っていくことをおすすめします。全てのスーパーでやってくれるわけではないのですが、捌きをお願いすると鮮魚売り場の厨房でさばいてくれます。もちろん有料になりますが、意外と便利です。できない店舗もありますので、あらかじめ確認しておくとよいでしょう。

めでたい魚マダイのさらにめでたい縁起物とは？

「鯛の鯛」というものがあります。マダイの骨の一部に対する俗称です。胸ビレを動かす部分の骨であり、人間に置き換えると肩甲骨といった役割の骨です。この骨のシルエットがタイに似ていることから「鯛の鯛」といわれているわけです。おめでたいタイの中にあるタイなので、縁起物になっているわけです。これをタックルボックスにでも忍ばせておけば、ひょっとしたら大釣りに恵まれる……かもしれません。生の状態や焼き物にした時は、これを取り出すのはちょっと手間がかかります。煮付けなど、煮込んだ際は、簡単に骨から身がはがれて取り出しやすくなります。

マダイにはもうひとつ、縁起物があります。しかし、私は、こちらの縁起物は少々苦手。なぜかといえば、それがいるとギョッとしてしまうからです。その縁起物の正体が「タイノエ」（ウオノエ）です。マダイの口の中やエラブタの裏に寄生している寄生虫なのですが、江戸時代の頃は『鯛之福玉』などといわれ、縁起物とされていたようです。ちなみに、タイノエは寄生虫の一種ではありますが、人間に寄生することはありません。タイノエがいたからといって心配する必要はないのです。

あとがき

ひとつテンヤの今後の動向は、ロッド&リールの進化とともに歩んでいくでしょう。さらなるタックルの軽量化、さらなる新しいテンヤの出現、そして新しいポイント開拓……など夢があります。釣り方もご当地釣法が生まれると思います。でも基本姿勢は変わらないでしょう。

さて、現在ではひとつテンヤが登場した頃にくらべると、関東周辺ではマダイが釣りにくくなっています。以前ならば海魚の王様マダイが簡単に釣れましたが、最近は大釣りしたという情報が少なくなりました。普通ならばタックルの進化、船宿の受け入れ態勢などが整い、以前より釣れてもよいはずなのですが……。しかし、釣りはあくまでも自然相手の遊びです。これはマダイにかぎらず、淡水魚も含め魚釣り全体にいえることです。こうなると産卵がうまくいったとか、エサが少なかったとか、水温が下がった上がったとか、さまざまな条件に左右されてしまいます。こう考えるとひとつテンヤが流行した時期は、全国的にマダイが増えていた時期かもしれませんね。そして、今が適正な状態かもしれません。しかし、再びひとつテンヤでたくさんのマダイが釣れる日がくる、と考えています。

個人的には少し釣れなくなった状況のほうが、テクニックやタックル開発に燃えます。どうしたら釣れるか、それにはどんな物が求められているか⁉ これは開発者にしてみれば、永遠のテーマで、特に釣りに関していえば、なかなか答えは出ないでしょう。

また、船宿も改革期に来ているのではないでしょうか？ 今までは釣れて当たり前、釣らせればお客さんが来る。しかし、今後は釣れればそれに越したことありませんが、たとえ釣果が少なくても「来てよかった、楽しかった」と思ってもらえる努力が必要でしょう。この努力とは実はサービス体制です。「乗船前から乗船後までお客に楽しんでもらう」といった姿勢は今後ますます必要ではないでしょうか。簡単なことですが、出船前に初心者が多い場合はきちんとレクチャーを行なう。その場合に備えてレンタルタックルの完備、テンヤやラインなどの小物販売。釣り始めたらポイントの状態をマイクアナウンスするなど。どの船にもマイクが付いているのに活躍していないことがあるなと感じています。ひょっとすると、そんなサービスは不要と思っている船宿が多いのかもしれません。しかし、これは私がお客になった立場だからこそいえること、感じることなのです。また、ゴミ箱や灰皿の設置もしてほしいところです。釣りをしていれば、どうしてもゴミは出てしまうのが現実です。私のバスプロ時代、トーナメントではタバコやゴミのポイ捨てはペナルティーで、検量時にウェイトをマイナスされました。皆さんの場合、釣りは遊びなのでそこまで厳しい罰則はありませんが、船の上にかぎらず、ゴミを捨てるのはマナー違反。でも、ゴミ箱があればそこに捨てますよね。

楽しく釣りをするためには、船宿ばかりに任せるのではなく、釣り人側にも注意が必要です。同船者に不愉快な思いをさせる行為、自分が不快だと思う行為は慎みましょう。また船釣りで避けられないことがオマツリ。中乗りさんがいる場合はほどいてくれることもあるので助かります。しかし、自分達でほどかなければならない場面に遭遇し、ほどく自信があるなら自分から積極的に声をかけるようにしましょう。そして、忘れてはいけないことが「すいません」のひと言。このひと言で全て解決できるはずです。同船者の方々とコミュニケーションを取ることもお忘れなく。ひとつテンヤのマダイ釣りはほとんどの場合、乗合船利用です。隣に知らない人や初心者も乗船します。そんな時も乗船したら「今日はよろしくお願いします」とひと声かければ、気持ちよく釣りができるでしょう。あとはお互いに情報交換などをしながら、釣り談義をするようにしています。

一時にくらべると、少し難しくなったマダイ釣り。しかし、難しければ難しいなりに魅力が深まる

今後の目標

個人的に今後はやはり大ダイねらい！　マダイ釣りは常に夢がある釣りだと考えています。そして、その大ダイですが、ねらっても決して思いどおりには釣れません。もしねらって必ず釣れるようなら、教えてほしいくらいです（笑）。しかし、乗船して釣りをしているかぎり、誰にでも大ダイを釣るチャンスはあるのです。目標は未だに釣ったことのない10kgオーバー。昨年は大原で同船者が11kgを釣りあげる場面に遭遇しました。いや、遭遇できましたといったほうが正しいでしょう。そのくらい貴重な体験で、実物を見たら驚くと思います。今後はこのようなモンスターマダイを釣りたいですね。さらに欲をいえば、ひとつテンヤ発祥の地「大原」でこの夢を実現したいです。

最後に

この本を読んで少しでもひとつテンヤのマダイ釣りの楽しさ、釣り方などを参考にしていただけたらうれしいです。正直まだ伝え切れていないことや、新たな発見などがあるでしょう。なぜって、釣りに絶対はありませんし、毎回違う場面ばかりです。さらに決して思いどおりにはなりません。しかし、思いどおりにいくこともあります。そんな時は釣り終わったら自慢してください。ほとんどの釣り人は大きい魚を釣ったり、たくさん釣ったら自慢しますから！　ただしその場合はサラッと簡単に自慢したほうがよいかもしれません。その後きっと何度も何度も話してしまうことになるのですから（苦笑）。

でもやっぱり、毎回よい釣りができるとはかぎりません。当然釣れない時のほうが多いのが現実です。そして、同じ船でも釣れる人、釣れない人が出てしまうのは、残念ですが現実です。でも、これがあるから釣れなかった場合、少しでも釣れるようにと必死になります。私もこのような場面に何度も遭遇して、少しでもヒントになるようなことを見つけるようにしています。釣りに関して、努力は惜しまないように心がけましょう！

夢は 10kgオーバーの大ダイ。それを釣りあげるためにも、努力を惜しまず手を抜かずに釣りを楽しむ

著者プロフィール

宮本英彦（みやもと・ひでひこ）

東京都出身。20 歳の頃からバス釣りにのめり込み、バス釣りの師匠である吉田幸二さん（日本初のバスプロ）が経営する喫茶店へ押しかけて情報取集。同時に吉田さんが率いる東京タックルボックスに入会してルアー＆フライの楽しさに目覚める。その後、日本初のバス釣り団体「バス・オブ・ジャパン」を設立し、ほぼ同時期にバスプロとしてダイワと契約。その後日本で唯一のバスプロトーナメント団体 JB に参戦して数社と契約。約 28 年間貫いてきたバスプロの肩書を今から 10 数年前に外して引退、精通していた沖釣りに転向。2010 年頃にひとつテンヤのマダイ釣りに出会い、ジャッカルから『ビンビンテンヤ』をリリース。その直後にロッド『青帝』をリリース。2014 年にはロッド『鯛夢』と『ビンビンテンヤ鯛夢』をリリース。現在はマダイ釣りと並行してカワハギトーナメントにも参戦。年間釣行数は 100 日近くに至る。

ジャッカルプロスタッフ、シマノカワハギステファーノメンバー。

マダイ ひとつテンヤ超《ちょう》思《し》考《こう》法《ほう》

2019 年 5 月 1 日発行

著　者　宮本英彦
発行者　山根和明
発行所　株式会社つり人社

〒 101 － 8408　東京都千代田区神田神保町 1 － 30 － 13
TEL 03 － 3294 － 0781（代表）

印刷・製本　図書印刷株式会社

乱丁、落丁などありましたらお取り替えいたします

ISBN978-4-86447-332-3 C2075

siteB　https://basser.tsuribito.co.jp/
つり人社ホームページ　https://tsuribito.co.jp/
つり人オンライン　https://web.tsuribito.co.jp
TSURIBITO.TV-You Tube　https://www.youtube.com/user/eTSURIBITO
釣り人道具店　http://tsuribito-dougu.com/